反トランス差別ブックレット

われらはすでに共にある

JN099873

現代書館

はじめに

　2022年11月に自主制作のZINEとして発行した本書は、2023 年、エッセイ
とブックガイドを増補し、現代書館から出版されることとなった。現代書館、執
筆者の方々、そして何より差別に抗するべく本書を手に取ってくれた読者のおか
げである。出版を機に本書がより多くの方に届くこと、誰かの支えになることを、
私は願っている。

　本書を手に取る人のなかで、タイトルになっている「反トランス差別」や「わ
れらはすでに共にある」という言葉を即座に理解する人は、どれ程いるだろう？
　そもそも「トランス」という言葉の意味さえ不明瞭な人もいるかもしれない。
　説明しておきたい。この本が掲げる「トランス」は、アンブレラ・ターム（異な
りながらも共通点によって結ばれる、あるグループ全体を総称する言葉）である。
　それは出生時に割り当てられた性別と、その後成長するにしたがって形成した
アイデンティティが一致していない、あるいはすっきり落ち着かない、様々な人を
指す言葉である。出生時に割り当てられた性別とは異なる性別のアイデンティティ
を形成する人もいれば、「男性か女性か」という二者択一にはおさまらないよう
なアイデンティティを形成する人もいる。割り当てられた性別と自らの間の分断を、
どのように経験し、どのように対処するかは人によってそれぞれ大いに異なり得る。
　だからこそ「トランス」は、多様で複雑で幅のあるアイデンティティと経験が含
まれるアンブレラ・タームとなっているのだ。本書が掲げる「トランス」は、アン
ブレラ・タームに集うあらゆる人を指している。

　寄稿者のなかには、アンブレラ・タームとしての「トランス」に属する人も、そ
うではない人もいる。各々アイデンティティも経験も、置かれている環境も、何も
かも違う。全ての意見が一致しているわけでもないし、何かの団体に属している
わけでもない。ただ、本書に集った人がみな確実に賛同していることが、ひとつ
だけある。もちろん「反トランス差別」である。
　SNSを中心に、日本語圏でもこの4年間ほどトランス差別言説が増大してし

まっている。それも日本語圏だけの問題ではなく、世界的なバックラッシュが猛威を振るっている。このおぞましい現状に抵抗を示すこと、ZINEの制作動機はまず何よりもそれであった。

とはいえ、トランス差別は何もこの数年で突如として現れたものでもない。

シスジェンダーのみを想定し、トランスを排除する社会の問題は、制度、法律、教育、メディア表象など様々なレベルで、以前からずっと存在していた。この4年間に言論状況が急激に悪化したことは確かだとしても、その前からずっとトランスの人々はこの社会に存在していて、ずっと苦しめられていた。あたかも存在しないかのように扱われ、侮辱や排除を被っていた。この社会で、すでに共にあったにもかかわらず。

だから「われらはすでに共にある」を掲げた本書は、しばしばトランスの人々が単純化され、切り詰められ、その複雑で多様な現実の生のありようを顧みられない現状に抗して、個々人の声を収録している。内容も語り口もまるで異なる複数のエッセイを読むことで、必ず伝わるものがあると信じている。また、差別言説の問題点の指摘や批判、現状に対する抵抗言説も共に収めている。それらを読むことで、今何が起きているのかが不明瞭な人も、現状を問題視しながらも何をすべきか迷っている人も、何かしらヒントが得られればと思う。

巻末では、トランスの表象がまだまだ足りないなか、新たな表現を模索する映画や、分断されてやまない現状に抗するための本の紹介も収録している。

ただ、とりわけトランスではない読者は、本書を読んでトランスの人々や今起きている事柄を「理解」したように思わないでほしい。ここにいる人々は誰も、何かの代表ではない。言葉が一定以上得意な人ばかりが集まった本書の外に、多くのまた各々異なる人々が存在すること、言葉にならない言葉が常に存在することを、決して忘れないでほしい。

われらはすでに共にある。共にある未来のために、共に生き続けるために、あなたは決してひとりではないのだと言うために、本書は作られている。他ならないあなたに届くことを、私は祈っている。

水上 文

目 次

くだらない話が
したい

三木那由他

　くだらない話がしたい。ばかばかしかった映画の話、最近はまっているゲームの話、雰囲気のよかったカフェの話、買ったばかりの靴の話、医者の愉快な勘違い、ココイチのレシートをめぐる悲喜こもごも、ガモン病院の水の味。ごくありきたりに、気を張らず、ただしょうもないおしゃべりがしたい。でも、できない。少なくとも簡単には。

　私にとって、トランスであることはただの日常、いや日常を受信するためのアンテナだ。たぶんスポーツ経験者なら、ひとの身のこなしに運動嫌いとは違う敏感な目を向けるのだろう。料理好きのひとは、食べ物に興味のないひとよりも細かく味を区別するのだろう。私たちはきっと、ナマの世界をまっさらに経験することなんてそんなになくて、それぞれ少しずつ違う方向へと伸ばしたそのひと特有のアンテナを通して、日常の経験を作り上げているのではないだろうか。そしてトランスであることは、私のアンテナを少しばかりシスジェンダーの人々とは違う方向に伸ばしているように思うのだ。

　映画を見るとき、たとえトランスジェンダーの登場人物が誰一人出てこない映画でも、私はちょっとした仕草や言葉に疑似的なトランスネスを見出したり

する（「ヒーローであることを隠して日常生活を送るのって、クローゼットのトランスみたいじゃない？」）。もちろん常にそんなふうに意識しているわけではないのだけれど、でも私が感じること、思うこと、喜ぶこと、悲しむこと、起こること、その隅々まで、とても些細なところまで、私のトランスネスは染み渡っているように感じる。くだらないこと、しょうもないこと、とるに足らないことだって、それは例外ではない。結局のところ、私は24時間365日、年中無休でトランスジェンダーなのだから。

　なんでもない笑い話をしているつもりで、シスジェンダーの友達が一瞬だけ、戸惑ったように沈黙したり、ちらっと心を痛めているような顔をしたりすることがある。「しまった」と思う。私の話す内容なのか、私の物事の見方なのか、あるいは話し方なのか、どこかはわからないが、ともかくもどこかに、たぶん見過ごせないくらいにトランスネスが出てしまったのだろう。そしてそうなると、私の話はたぶんとてもシリアスなものになってしまう。それは、私の過去の苦しみ、あるいは現在の抑圧から生じた吹き出物みたいなものになる。もはやそれは、くだらない話ではなくなってしまう。だから、もしかしたらそんな必要はないのかもしれないけれど、ついつい私は、何気ない会話ではできるだけ「トランスジェンダーだから感じていそうなこと」を脇に置いて物事を語りがちになってしまう。きっとトランスであることは否応なしにシリアスなことなのだ。

　日常で目についた言葉やコミュニケーションについて、ああでもないこうでもないと書き連ねた本を出した。腹が立ったこと、楽しかったこと、好きな漫画やゲームのこと。自分がトランスジェンダーであるということを途中までは隠していたのだけれど、途中からは堂々と明かして語るようになった。そのせいだろうか、知らない誰かの感想に、「言葉の本というより差別問題の本」とあった。それがどういうニュアンスだったのかはわからないけれど、少なくとも「差別問題」はシリアスなものだろう。好きな漫画のキャラクターの言動にはしゃいだり、ゲームのキャラクターに惹かれて一喜一憂したりという私はいなくなってしまう。あるいは、それさえ「差別問題に苦しむ私」の一部になってしまう。私にとってはトランスであることや女であることというアンテナがキャッチする情

報のなかで日常を送っているだけなのであって、だから気になる言葉やコミュニケーションの話をしようとしたらそれらが常に背景になるというだけなのだけれど。

　似た方向にアンテナを伸ばしたひととなら、くだらないものをくだらないままにして笑って話せるのだろう。でも、私たちはそもそも数がとても少ない。私はほんの数年前まで、自分以外に似たようなひとをぜんぜん知らなかった。自分以外にも似たひとたちがいると知ったいまでも、そうした人々は、気軽に会い、しゃべれるような距離にたくさんいるわけではない。頭のなかで、「こんな話をしてみたいな」「こんなことで笑い合いたいな」と想像する。でも、それが実現することはそんなに多くない。

　SNSなどは、ひょっとしたらその点において助けになるものだったのかもしれない。実際、もう消してしまった匿名のSNSアカウントで、一時期の私はずいぶんと救われた。顔も知らない、会いに行ける距離にいるのかもよくわからないひとたちが、それでも似たようなアンテナのもとでいろいろなことを語っていて、そしてそれは、そこまでシリアスにならずにいられる場所だったように思う。

　でも、それもそうしたひっそりとした場所ではなくなってしまった。熱心にデマをばらまき、恐怖を扇動して、差別の保存や強化に加担するような言動をするひとが増えていく。もちろん、そういうひとたちは以前からいた。いたのだが、だんだんとその姿が目立つようになり、またそうしたひとたち同士でのネットワークもつくられていっているようだ。そうすると、私たちはそれに反論したり、抵抗したりしないとならなくなる。当然だ。ただでさえ安心できないことの多いこの社会がますます危険になってしまっては困るし、現在あるごく少数のそれなりに安心できる場所が壊されてしまっても困るのだ。そして私たちはここでもシリアスな社会問題の一部になってしまう。

　ただ単にゲームを楽しんではしゃいでいるだけの言葉が、差別への抵抗のために顧みるべき「当事者の証言」になっていく。下手な冗談や軽口を言うと差別保存のための材料にされそうで（そんな例をいくつ見てきただろう？）、否応なしに私は「品行方正」になってしまう。外から、内から、私はシリア

スな存在にされていく。

　もちろん、私たちの言葉をシリアスに受け止めてくれるひとの存在は、このうえなくありがたい。シリアスに受け止められる段階にさえ達せず、ただ聞き流されたりすることのほうがずっと多いのだから。でも、寂しくなることはある。

　思えば、子どものころからずっとどこか遠慮していたような気がする。友達とのおしゃべりでも、どんなふうに何をしゃべれば周りに奇異の目で見られないかをずっと気にしていた。性別移行前はシスジェンダーの男性たちに合わせて。性別移行後はシスジェンダーの女性たちに合わせて。ごく一部の特別な友人や家族などといるときを除くと、私はいつもくだらなくなり切れていなかったように思う。

　小説を読む、漫画を読む、映画を見る。すると、友人同士で集まって、リラックスし、どうでもいいおしゃべりをしている人々の姿がしばしば登場する。羨ましい、と思う。覚えている限りだと、私は子どものころからそういう場で大してリラックスしてはいなかったし、そのせいかずっと「真面目」だとか、場合によっては「秘密主義」や「何を考えているのかわからない」などと言われていた。

　くだらない話がしたい。好きな芸能人の話、楽しかった映画の話、最近ハマっている音楽のこと。くだらない話を、くだらないままに、けれど私がトランスジェンダーであることも、女であることも、それらのアンテナを通じてもたらされる私の経験のことも、隠したりごまかしたりせず。そういう場所を守ったり、つくったりするためになら、ちょっとばかりシリアスになってあげてもいいかな、とも思う。

Miki Nayuta
Essay [01]

べつの言葉で

ただの沼

SUPPORT YOUR SISTERS NOT JUST YOUR CIS-TERS
とプリントされたTシャツを着て、休日の昼過ぎにわたしは知り合いとの待ち合わせ場所へ向かった。この日会う予定の知り合いは、英語圏で生まれ育って6年前から日本に住んでいるらしい。らしい、というのは、よく知らないからだ。近所のスーパーで偶然出会い、少し助けたのをきっかけに連絡先を交換したものの、ちゃんと話をするのはこれが初めてだった。

　待ち合わせ場所にしていた駅の改札付近に立っていると、間もなくその人はやってきた。簡単に挨拶をして、目的地へ向けて歩き出した。時々は日本語を混ぜつつ、基本的には英語で会話をする。相手はたくさん話しかけてくれるが、わたしはいつも思っていることの7割程度しか伝えられない。たまに何かをたずねても、相手の言っていることが分からないこともある。

　しばらく歩くと、赤信号に捕まった。その人は突然わたしの服を見て、

　「そのTシャツいいね！　似合うよ。みんなをサポートするのは大切なことだよね」

と言った。わたしはうまく言葉が出なかった。

　ありがとう、とだけどうにか伝えた。

　身体的な特徴に触れたり、髪型や服装に勝手な意味づけをしたりせずに、

10

ただ「似合う」と言ってくれること。自分のジェンダーを細かく説明することなく、自分にとって大切なものが伝わった感覚。わたしの日常とは、あまりに距離があった。

　英語を勉強中のわたしにとって、英語で会話することは、日本語のそれよりも圧倒的に不自由だ。けれど、この日はそんな感じがしなかった。わたしが話し終わるまで、相手は常にわたしの分かりにくい言葉を遮らずに、相槌を打ちながら聞いてくれた。趣味、職業、社会情勢、他の国で暮らすこと、他の言語を勉強すること、どういうライフスタイルが好きか、など気づいたら3時間以上話していた。ほとんど知らなかった相手のことを友だちと呼べるようになっていた。初対面の人と会話することが得意とは言えないわたしにとっては、異例の出来事だ。

　長い会話のなかで、わたしが話していることは、「女性」が話していることや、「ジェンダー問題にうるさい人」が話していることではなく、常にわたしが話していることとして受け取られた。友だちとわたしはずいぶん違う経験をしてきたし、働くことに対する考え方や望むライフスタイルも違っていたけれど、それらの違いは、ただ違いとして表明された。どちらかが相手を否定したり、説得したりすることもなかった。自分とはずいぶん異なるあり方を知り、そのあり方を想像してみるだけだった。

　家に帰り、友だちとのやり取りを思い返す。
　自分の装いや言葉が曲解されないやり取りは、驚くほど安全だった。
　かつての職場を思い出してみる。
　「いつもお世話になってるから、感謝の気持ちを込めて」
　ある日、同僚から渡されたお菓子の意味が、まったく分からなかった。
　「男性職員一同から」
　その日は3月14日だった。
　わたしは出生時に女性を割り当てられたが、自分のことを女性だとも男性だとも思っていない。強いて言うなら、ノンバイナリーだと思っている。したいと

思う髪型や服装は、世間では男性のものとされていることが多い。大体の場合、自分の身体のサイズとほしい服のサイズは合わない。服や髪に無限にお金をかけられるわけでもない。予算や服のサイズと自分の快適さを天秤にかけて、なんとか折り合いのつけられそうなラインで色々なことを選択していた。「女性の視点ではどう思う?」と上司に聞かれた時は、「女性の視点はよく分かりませんが、私は」とジェンダー化を避けるように言い換えたりもしていた。

　それでも、上司や同僚にとって、わたしは女性職員でしかなかった。人の性別が「女」か「男」の二つしかなく、二つの境界線が自明かつ不変のものとされている世界では、わたしは「女」にしか見られない。「お客様をご不快にさせてクレームをもらわないために性的マイノリティに配慮しないといけない」と管理職は研修で言ったが、自分を「女」にも「男」にも同定できないし、したくない人がすでに隣にいることは、いつも想定されていなかった。わたしの選択にかかわらず、声の高さや出し方、身長や肩幅でシスジェンダー（でヘテロセクシュアル）の女性だと判断された。

　お菓子をくれる職場だ。わたしがノンバイナリーだと説明すれば、わたしへの「配慮」はしてくれるだろう。けれど、「配慮」がほしいわけではない。誰に対してであれ、どのような場面であれ、他人の性別を勝手に判断して、特定の属性として表象することをやめてほしかった。

　わたしが職場内のセクハラに苦言を呈しても、事実誤認を含む差別的な表記の修正を提案しても、それらは、「若い」「女性の」「ジェンダーとか差別にちょっとうるさい」人が何か言っているとしか受け止められなかった。苦言や提案は、「ルール上問題ない」「とりあえずこれまでどおりやろう」という言葉で片づけられた。食い下がってどうにか修正したものもあるが、どうにもできなかったことのほうが多い。

　一日のうちの大半を過ごす場所で繰り返し「女性」として表象され、言葉は曲解され、矮小化された。次第に、自分でもノンバイナリーのわたしなど存在していないのではないかと疑うようになった。居場所があると感じることができなかった。他にも色々なことが重なり、わたしは仕事を辞めた。

ここに書いたのは、一例にすぎない。自分のジェンダー表現を探るなかで髪型や髪色を変えたら、勝手に恋愛が理由だと解釈されてしまったことなど、エピソードはたくさんある。どうにかして折り合いをつけて人と関係しようとしていることは、無駄なのではないか。社会に勝手なジャッジをやめるように言い続けるよりも、自分がいなくなるほうがずっと簡単だろう。そう感じる時が何度もあったし、今でもある。

　SNSを介して出会ったトランスの友人たちは、医療へのアクセス状況やジェンダー表現も様々で、そこでは何を話しても、誰もわたしを望まない属性に還元したりしなかった。けれど、友人たちもわたし自身も、普段の生活で疲弊していて、会えないことも多々ある。SNS上には、トランスの生活を無視したトランス差別が溢れかえっている。一部のトランスやアライがトランスフォビアへの対抗に追われ、多くのトランスが沈黙したり、SNSを去ったりした。

　少しでも多くの人たちが今よりも楽に息をするためには、様々な声が聞かれる必要がある。それなのに、その場の一つであったSNSをトランス差別は奪った。トランス差別への対抗に追われていると、差別の理不尽さやシスジェンダー中心主義の問題点などの、すぐに共感可能な共通点でのみ人を捉えるようになり、トランスというアンブレラタームの元に集っている人たち、ひとりひとりの差異が見えにくくなってしまう。差別への対応を迫られる場は安全ではなく、言葉や存在は常に曲解される。そのような場では、何とどのように折り合いがつかなくて、どのように調整しているのか、という生活するうえで避けがたく、重要で、ひとりひとりが異なっていることを話すことができない。

　これがわたしの日常だ。

　本当に助けてほしかった時、わたしはこんなふうに書くことはできなかった。ここで触れることができるのは、今書くことができる状況にある人たちの言葉だ。広く読まれる形で表現されない声がたくさんある。誰も何かを代表することなどできない。聞かれなくてよい声などないし、歪められ続けてよい人などいない。たったそれだけのことが、いつも歪められて届かない。

クィアな自認の時間性——

あなたにそれが届くまで

青本柚紀

　出生時に割り当てられたものと異なる性を生きる人たちは存在している。寝て、起きて、ものを食べて。そうやって日々を過ごすのと同じくらい「あたりまえに」生きている。出生時の割り当てとは異なる性を、そういった「あたりまえの生活」と同じぐらい当然のこととして受け止めながら。

　そのような人たちが存在から否定されるとき、その人が生きる性を「自称」として扱う表現がしばしば用いられる。このような表現から読み取られるのは、出生時の割り当てとは異なるクィアなアイデンティティは「真実」ではない、あるいは、ある明確な基準をもって決定された出生時の割り当てが「本当の」性別である、という思想である。そういった表現が用いられるとき、クィアなアイデンティティは「本当でない」もの、もっと言えば「思い込み・思いつき」として棄却される。

　出生時と異なる性を生きる個人が性自認／ジェンダー・アイデンティティを示すとき——たとえば自分は性／別の概念から身に沿わないと感じており、あえて性／別を示すのならばノンバイナリーだ、と他でもないわたし自身が誰かに話すとき——（あなたには）わたしを出生時の割り当てられた性を生きる人

として扱わないでほしい、ということがしばしば含意されている。そして、クィアな自認をプロフィールとして示すことは、少なからず、あなたと私の局地的な関係にとどまらず場において（それは所属組織だったり社会全体だったりするだろう）そうしてほしいのだ、と示すことである。書くまでもないかもしれないが、性自認／ジェンダー・アイデンティティを——自らが生きるのはいかなる性かを示すことは極めて社会的な行為なのだ。

　そして、トランスとして自らを示すことは、わたしが生きている／生きたいのは出生時に割り当てられた性別ではないのだ、と個人が気づいたときに即時的になされることではない。先に書いた「思い込み・思いつき」としての棄却にはクィアな自認を即時的なものとみなす価値観も含まれる。実際のところ、個人がクィアとしての自分自身を「発見」することにも、「発見」以後にわたしはクィアなのだと発話することにも、疑念や恐怖、ためらいを振り切る長い時間が必要であるにもかかわらず。

　わたしが最も簡単に語ってしまえる事例として、わたし自身の話をしよう。

　●性／別が一大事として捉えられているがそもそもそれがわからない、と感じはじめたのが5、6歳の頃。

　●「女／男だから〜」ということを決して言わないが「普通にしてほしい」と言う親の「普通」には「女の子」になることが含まれているように思われ、うまく言えないが自分は違うのだけれど、と疎外と拒絶を感じていたのが10歳前後のこと。まだジェンダーの概念も獲得していなかったので、当時の自己認識に近いことを書くならば、「自分の性別は自分」になるだろうか。割り当てられた性と「逆」の性を生きる人たちの存在は知っていた（当時は性同一性障害として表記されていたそれを知るに至るNHKの特集は今でもおぼろげながら記憶している）が、「男性」を生きたいわけでもなく、自分自身を説明する適切な言葉を持たなかった。

　●大学入学と同時に強烈な異性愛規範とミソジニーに曝される。具体的に立ち現れたそれらはいずれもわたし自身を「女性」として判断したうえで評価

Aomoto Yuzuki
Essay 03

を下すようなものだったため、自分自身のジェンダー・アイデンティティ――「女性」ではないが「男性」でもないし、そもそも性／別の概念自体が馴染まないこと――をうまく説明する言葉の必要性が高まりはじめる。

●「第三の性」として扱われていたＸジェンダーのことを知ったのが19歳頃。自分のことに最も近いカテゴリーだと感じつつ、性／別の概念が身に沿わないのに「第三の性」と呼ばれるものを自分と結びつけるのに抵抗があり、名乗りとしては保留される。まだ名前のついていない性をめぐる自分のあり方について「油断」しては漏らしていたが、そのたびに異性愛規範からの「逃げ」とみなされたり、気のせいだと笑われたりして、わたしが性／別に馴染まないことはわたし自身を守るために語らないことを決める。クローゼットに入らなければならない存在として自らを「再発見」することだったのかもしれない。

●その後Ａジェンダーやノンバイナリー、アセクシュアルを知り、自分自身を説明できる言葉との出会いを果たす。大学時代は異性愛規範をはじめとする規範への馴染めなさに打ちのめされていたので、あまり正確な時期の記憶がないが、その時期は真四角ではない部屋に暮らしていたように思うので、21歳になる前後の2017年頃のことだろうか。この頃は、自分自身を説明する言葉の必要性を感じることというよりは、説明が必要だと感じさせられることそれ自体に倦んで、自らをほとんどノンバイナリーとして位置づけながらも、（愚かにも！）シスジェンダーでヘテロセクシュアルの「女性」に同化する「努力」をしていた。強迫的に「同化」しなければと思うことで相手を振り回すだけでなく、自分自身も振り回されて、変えようのないものなのだということだけが身に沁みてわかった。どんなに疑われたとしても自分自身のアイデンティティを試す必要はない、と今ならば言えるのだけれど。

●クィアな自認を他者の前で提示する契機となったのは2020年のパンデミックだった。いつしか、話しても話さなくともクィアであることが苦しみを連れてくる社会を生きているのであれば、わたしにとって重要な人たちにはそれを受け止めてほしいと感じるようになっていた。誰かにではなくて、顔をさらして会うことが死に至る病を連れてくるような状況でも食事を共にして話したいと思う

人たちには受け止めてほしかった。以前からその人たちといるところはわたしにとって安全な場所で、それはわたしがクィアである程度では揺るがないと確信してもいた。その人たちに「シスじゃないんです」と発話したそのときが、わたしのクィアな自認が外部にはじめて出現した瞬間だった。

　当然だとされる性／別への違和感を覚えてから、それを十分に説明しうる言葉に出会うまでおおよそ15から16年、それを自認として誰かに示すまでにさらに3年を必要としている事例である。自認を語るに至るまでおおよそ18年というのが長いのか短いのかは正直なところよくわからない（長かったとしてきっとありふれている）。だがしかし、これが一例に過ぎないにせよ、出生時の割り当てとは異なる性を生きる人たちは、出生時に割り当てられる二つの性を必要として（そこでは性／別は三つ以上でなく二つでなくてはならないし、越境も「曖昧な」ものも同性愛も、異性愛の絶対性を脅かすために存在を許されない）、その二つのうち割り当てられたほうに分化せよという要請を強烈に発する異性愛規範のなかで、自らの存在が想定されていないことを、抑圧されていることを経験から否応なしに理解させられている。だからこそ、クィアな自認を明かす前に、クィアであることを認識しつつも自問を繰り返したり、ジェンダーをめぐる問題圏の議論を参照したり、アイデンティティを明らかにする先が安全であることを確かめたり……といった、さまざまな段階が必要になる。必要だと考えざるを得ないのである。

　出生時に割り当てられたものとは異なる性／別を生きる人たちは、ある日突然そう思い立ってあなたの目の前に姿をあらわすのではない。抑圧的な社会のなかで、ときには自らのアイデンティティに疑念を向け、名乗ることで疎外されるのではないかという恐れやためらいを振り切ったのちにようやく、そのような自認を持つ人間としてあなたの前に姿をあらわすことができるのである。

Aomoto Yuzuki
Essay [03]

言葉がほしい

山中千瀬

　言葉がない。と思う。そうやって言うことで何か感情を表現しようとしてると
かでなく、本当に、言葉が、存在しない。

　　アラビアに雪降らぬゆえただ一語 ثلج（サルジュ）と呼ばれる雪も氷も／千種創一

『砂丘律』（青磁社、2015年）

　好きな短歌のひとつです。ツイッターで引用を見ることも多い。遠い土地の、
こことは違う気候、そこで育った言語について思いを馳せる。その言語を用い
る人々の営みを想像する。ある言語でしか表されていない微妙な感情、行為、
現象。そういうものの存在を美しく感じるひとは私以外にもたくさんいるはず
だ。そして、そういう隔たれた言語を持ちながら手を伸ばしあうことをとうとく
思う。

　美しく感じるとか、とうとく思うとか、そういうのじゃ本当はダメだったんだよ
な、とも思います。

　ここに、シスが暮らし、シスが言語を培ってきた土地があります。ここで言
葉は、シスの感情や経験を表すために利用されてきた。シスではない者の暮
らす土地はどこにありますか。同じく、ここです。ずっと同じ土地に暮らし、でも、

いないようにされていた存在がある。その存在の感情や経験を表すために、本当に適した言葉はまだここにない。

　女／男はこうあるべき、という旧弊な規範に対する抵抗を表して、たとえば「押しつけられたわけでなくただピンクが好きな女の子もいるだろう。そういう女の子は許されないというのか」という反論を受けることがあります。「〈女の子はピンクが好きな生き物である〉みたいな偏った意識のまったく無い架空の場所に行かないと、その〈好き〉の気持ちが押しつけられたものかどうかって本当にはわからないけれども」と思いながらも、「いえ、規範を否定するとき、たとえばピンクを好きな女の子は否定されません。女の子は何色を好きになってもいいって話をしています」みたいなことを返す。一方で、抵抗に対して「その通りです」という賛同を得ることもあります。それだけなら心強いのだけれど、「だからジェンダーなんて本当は存在しない、トランスはあり得ない」という主張につなげられてしまうと戸惑う。「トランスの存在が規範を強化している」と続けられていることさえある。

　なんで差別的な社会への抵抗の気持ちが、別の差別に結びつけられてしまうんだろう。

　トランスへの無理解のひとつに「ピンクが嫌だと言うけど、それは〈男〉だからじゃなく、〈ピンク色の嫌いな女〉ってだけ。〈ピンク＝女〉という規範にとらわれるな」みたいのがある。「女性だからって〈女はピンクが好き〉の価値観を押しつけられるのは嫌」と、「自分は男性なのに女性だと見られて当然ピンクが好きだろうとされるのは嫌」とは全然違います。でも、シスが大多数の世でシスたちで作ってきた言語で、「シスにはないトランスの感覚」を伝えるのはむつかしい。

　自身がトランスであることの説明が「それはトランスだからではない、規範に乗れない人間であるというだけだ」と否定を呼ぶかたちになりがちなのは、いま表現可能なのが「シスの言葉でも表現できる違和感」「シスでも理解できるものに似た違和感」だからなのではって思っています。ぎりぎり伝えられそうで、でも誤った先入観も生みやすい。「それを〈トランスの違和感〉と言うなら、〈シ

Yamanaka Chise
Essay [04]

スとされる人間の持つ、規範への抵抗〉はなかったことにされるのか」ということになってしまう。違う。その苦しみがあるってことになっても、別の苦しみがないことにされてしまうわけではない。そしてシスの理解で「それは規範への違和感で、規範を壊せばなんとかなる」とされても、「（女性蔑視のある世の）旧弊な規範」がなくなっても、本当には「トランス」はなくならないです。「性自認」という言葉が、「そんな意識は自分にはない」「自分自身で勝手に判断しているだけ」「言ったもの勝ち」のように語られるのを見ることもあります。トランスの持つ、他に表現しようのない感覚に、最初っから言葉があればいいのに。

　想像力を働かせて他者と接しましょう、ということにどんどん希望を持てなくなるのは、まさに想像力を働かせることで、他者を本当は存在しないかのように扱うのを見てきたから。想像しなければならないのは、自分にない感覚が他者にはあるのだということや、マジョリティの育ててきた言葉では表現し得ない感情や経験がマイノリティにあるのだっていうことじゃないかって思います。そういう想像のやりかたは、マジョリティとしての特権を指摘されたとき、個々の持つ経験や感情を否定されたってふうに傷ついてしまわないためにも役立つとも。複雑な虫食いを、シンプルに埋めてしまわないための想像力。

　私は家父長制のあるクソな世の、クソな役割規範がクソ嫌いで、ぶち壊したい。その気持ちを他者の存在を消す暴力に接続されたくはない。一緒にぶち壊したいです。全部。「これは内面化したミソジニーなのでは」なんて葛藤もしなくてよくなった場所で、私たちのものになった言葉で、自分についてを語ってみたい。レズビアンです。妹です。（〈シスだけが存在することになっている男女二元論の世界〉の語彙としてでなく）女です。

トランスジェンダーは難しくない

さとう 渓

　中学生のとき、性同一性障害だと思うと話したら母は逆上した。どうしてそんなことがわかるのか、それがどんなに大変なことかわかっているのか、裁判とかどうするんだ、そんなことうまくいく人なんてほとんどいないんだから……。とにかく望む性別で生きていくのはとてつもなく難しいことで、にもかかわらず「性同一性障害」などという言葉を軽々しく口にするのは浅薄で考え足らずで、きちんとした知識や現実感覚があれば、多少の性別違和があるくらいのことで性別移行などという大それたことを考えようとするはずもなく、ごく特殊で例外的な成功譚を真に受けて性別を変えたいと告白してしまうなんて「性同一性障害」とそれをめぐる社会の現実を、ジェンダー移行にまつわる難しさをなにひとつ理解できていない証拠なのだ、と僕は理解したのだった。

　生まれたときに割り当てられた性別は「女」だった。でも、小学校に上がる前から自分が「女の子」ではないとわかっていた。女の子であることを求められると困惑した。ただ、その頃にはまだ、ひとつひとつ望まない「女の子らしさ」を拒絶していけば済むのだと思っていた。どんなに「女の子ではない」と主張したところで「女」のラベルが生涯ついてまわるなんて、まだ想像もし

Sato Kei
Essay [05]

ていなかったのだ。

　小学生になって、「おとこおんな」とからかわれるのは不快だったけれど、女子のカテゴリーのなかに男子が混ざっているのだから、みんながそう言うのも仕方ないと思った。正しいカテゴリーに再分類されると思っていたのか、性自認が変化すると思っていたのか、とにかくそういう齟齬はいずれ解消するのだと漠然と思っていた。しかし徐々に、手をこまねいていれば自分の身体は永遠に女性にカテゴライズされ続け、自分が男の子だということは恒久的に誰にも理解されないのだと気づき始めた。

　初めて母に性別違和について話したのはその頃だった。男だと思う、と言った。不安だった。自分は異常なのだと思っていた。本当は男なのに女の身体を持っている自分の奇怪なありようはいずれ外から明白に見てとれるようになり、エイリアンのような異物に育っていく自分は、十分に女でないことがいずれ世間にバレて捕まってしまうのだろうと本気で怯えていた。母は小学2年生だった僕に「大丈夫、あなたはちゃんと女の子だよ」と言ってくれた。

　だけどいくら経ってもやっぱり僕は女の子ではなかった。自分がとんでもないモンスターなのだということは次第にはっきりした。だから、中学生で「性同一性障害」という言葉と出会ったとき、それは一筋の光明だった。その言葉を手に母に改めてカミングアウトしたとき「僕はこれなのだ！」と確信があった。でも、てんで相手にされなかった。わかったのは、性別移行なんて奇跡みたいなもので、現実にここで生きている自分には到底なしえない難しいことで、僕は一生奇妙な「おとこおんな」なんだということだった。

　それでも中学高校の制服の苦しさは耐えがたく、どうにかならないかと高校では教員にカミングアウトしてみた。おちんちんがほしいのか、異常だな、そんなこと人前で言ってみろ、頭おかしいと思われるぞ、と心配された。今からわずか10年ほど前の話だ。

　結局、卒業までスカートを履いた。その教員は理解を示さなかった。でも、話は聞いてくれた。だから卒業後も、事情を知っている彼とは交流を続けていた。そんなひどいことを言われたのに、と不思議に思われるかもしれないが、

カミングアウトは一大事であって、事情をわかって話を聞いてくれる人というのはそれだけで貴重だったのだ。なにしろ母は中学生のときのカミングアウト以後、二度とその話題に触れようとしなかったくらいなのだから。

彼には会うたびに「おかしいぞ」「本気なのか」と言われ続けていた。一片の悪意もなく、彼はただただ心配していたのだ。そういう人なのだと僕は受け入れていた。

ところが彼にカミングアウトしておよそ7年が経ち、男性用スーツを着て就職活動をしていたとき、突然言われた。「こないだおまえに女がネクタイするなんておかしいって思うのは先入観だって言われて、気づいたんだよ。確かにそれは俺の先入観だ。」僕は「先入観」なんて言った記憶もなかった。いつも「異常だ」「ヘンだ」と言われ続けて、適当に受け流すことに慣れていた。でも、無数の「そんなこともないですよ」「別にいいじゃないですか」のなかのひとつがヒットし、なぜか唐突に彼の認識にはなんらかの変化が訪れたのだ。

それからは彼は僕を困らせることを言わなくなった。ときどき「ヘンだけど……まあ好きにすればいいよな……」と自分で自分を納得させるように呟いていた。僕は嬉しかった。彼はこの先もトランスジェンダー当事者と関わることがあるかもしれない。そういうときに少しでもマシな対応をしてくれればいい。

そして、実際にそれは起こった。在学中男子と認識していた卒業生が性別移行を経て会いに来てくれた、そのときおまえのおかげで変なこと言わずに済んだと思うんだよ、と彼はあるとき恥ずかしそうに話してくれたのだ。

この気の長いエピソードは別段美談でもなんでもなくて、社会のシステムがトランスジェンダーを排除している以上、その社会に生きる多くの人も一欠片の悪気もないままトランスジェンダーに対する差別意識を持っていて、当事者はそういうすべての人との関係を断って生きていくことなどできないという話なのだ。今でも彼や母の当時の反応を責める気持ちになれない。性別を変えるのがどんなに大変なことかわかっているの？　と中学生の僕を脅した母も、頭がおかしいと思われると心配してくれた教員も、ただただ性別移行なんてとんでもなく難しいことだと思ったのだ。

Sato Kei
Essay [05]

実際、トランスジェンダーとして生きていくことは難しい。でも、自分の抱えるそういう難しさに対する認識が変わった出来事がある。アウティングをされて後始末に追われていたあるとき、信頼していた知人に事情を説明し、「でもきっと相手も悪気はなくて、僕の存在が難しすぎるのかもしれなくて……」といつものように相手を責めないよう、人間関係を悪化させないよう、一生懸命に角の立たない言葉遣いを選んでいたら、その人は「さとうさんは全然難しくないよ」と言ってくれたのだ。生まれたときに割り当てられた性別やこの社会に埋め込まれたさまざまなジェンダー規範と格闘していた10代の頃にも、僕の難しさを難しがらずに一緒に背負ってくれるそんな人がいれば、生きることはもう少し難しくなかったかもしれない。

　インターネットには、トランスジェンダーの難しさをめぐる言説が溢れかえっている。トランスジェンダーを受け入れるために社会が支払わなければならない莫大な心理的コストをめぐる不安げな言葉を浴び続けていれば、難しいトランスジェンダーがみんなを困らせている、という錯覚に容易に陥ってしまいそうになる。でも、トランスジェンダーはみんなが受け入れようが受け入れまいが存在しているのであり、みんなを困らせているのではなく困っているのだ。だから必要なのは、トランスジェンダーを困らせない人を一人でも増やすこと、トランスジェンダーを想定しない社会を変えていくことであって、トランスジェンダーの難しさを強調することではない。

　難しいと言われるのにはもう飽き飽きしている。

シスジェンダーとは何か

水上　文

シスジェンダーとは何か?

　便宜的に「トランスジェンダーではない人」を指すその用語について、シスジェンダーの女性という立ち位置から簡単に記述してみたい。

　トランス差別的「フェミニスト」はしばしば、シスジェンダーという用語を拒絶し、「女性」はマイノリティなのだから差別の加害者側にはなり得ないという。

　けれども「女性」の中には様々な人があり、各々異なる経験をしている。「女性」の中にはシス女性もあればトランス女性もあり、他にも地域、経済状況、国籍、人種、セクシュアリティ、障害の有無等によって様々に分け隔てられている。だからある場面ではマイノリティであっても、別の場面ではマジョリティであることがあり得る。「女性」とは、いついかなる時もマイノリティであることを意味するものではないのだ。

　そしてマジョリティとは、何が問題なのか、どんな風に困難が経験されているのか、知らずとも生きていける人のことである。差別とは社会構造の問題なのだから、意図せずとも、悪意などなくとも、差別に加担してしまうことはあり得るのだ。

　簡潔に「女性」と語られる時、それは一体どんな立ち位置にいる、誰のこ

Mizukami Aya
Essay [06]

とを指しているのだろう？　どんな「女性」の経験が自明視され、どんな「女性」の経験が暗黙のうちに排除されているのだろう。

　この社会は、シスジェンダーのみを前提とした、トランス差別的な社会である。トランスの人々は人口約1％以下のマイノリティであり、多くのシスの人々——私自身を含む——は、そもそも「シスジェンダーとは何か」を意識せずとも生きてこられた場合が多い。だからまずはシスについて、自らについて知ることから始めなければならないのだ。

シスジェンダーとは：
1）トランスジェンダーではない人のこと。

　つまり、出生時に割り当てられた性別とジェンダー・アイデンティティが一致していない人のことを指す「トランスジェンダー」というカテゴリーには、当てはまらない人のことである。ただしこのことは、シスジェンダーは自らの性別を、ジェンダー規範を問題なく受け入れている、という意味ではない。だから、より正確に言えば以下である。

2）トランスフォビアによって定期的に苦しめられていない人のこと。

　シスジェンダーであっても、割り当てられた性別と常に問題なく「一致」しているわけではない。

　たとえばシス女性の中には、ジェンダー規範による苦しみからトランス女性に共感を示す人もある。だがシス女性は「男性と見なされたくないのに身体が女性的ではないという状態で、男女どちらかであるのが当然とされ、ときには実際に選択を迫られる日常の中で、何者であるか問われ続けるという経験」[1]を持たないのであって、トランス女性の困難と等閑視できるものではない。またシス女性が抵抗を覚えるような「女性」のステレオタイプが、トランス女性にとってはしばしば「押し付けられるどころか頑なに拒絶されてきたものであり、自力でそれを身につける権利を獲得したもの」[2]であることも、忘れてはならないだろう。

26

シスの人々は、トランスを排除している社会に同化するか否かの戦略とともに生きる必要がない。だからシスとは、「一致」というよりむしろ「トランスフォビアによって定期的に苦しめられていない（もしくは苦しめられる可能性を管理しなくてもよい）人のことを指すべき」[3]ものである。

　ただこんな風に言うと、それでは「トランスフォビアとは何なのか」と問われるかもしれない。だから以下のようにも言えるだろう。

3）トランスフォビアとは何か、知らずとも生きていける人のこと。

　トランスの人々は性別違和に苦しめられるのみならず、社会で存在を否定されたり（「勘違い」「単なる主観」等）、不審者／犯罪者やそれに類する存在だとみなされたり、身体的暴力や命の危機に晒され／殺されたりしている。

　シスのみを想定する社会で、トランスの人々は自らが何者であるのかを理解するにも困難が伴う。

　この社会には主としてシス／性別二元論的な語彙や概念しか用意されていないために、自らを十全に表現することも容易ではない。そもそも、「ジェンダーというシステムが強固な支配権をもち、あらゆる社会関係や実践にとってジェンダー（性別）の差異が意味を持ってしまう、そうした現在の社会において、自分自身をいかなる場所においても理解することができない」[4]こともある。周囲に理解されないこともままある。

　性別移行は身体的にはもちろん、経済的にも負担を伴うが、就職においても差別されている。在職中の移行には周囲の協力や理解が必要だが、得られないことの方が多い。保険も効かない。戸籍の性別を変えるための法律は極めて差別的な厳しい要件を課しており、全ての人が要件を満たせる訳では全くない。法改正の目処も立っていない。さらに性別再割り当て手術を終え、戸籍を変え、望む性別で生活していてもなお、アウティングの恐れがつきまとう。家族や友人等、それまでの人生における繋がりから絶たれてしまう人もある。

　上記やその他にも様々に存在する困難に加え、とりわけ 2018 年以降、オンラインを中心にトランス差別言説が猛威を振るっている。そこでトランス女性は

「シス女性の安全を損なう」存在として、あるいは「トランスジェンダリズム」なる実体のない奇妙なイデオロギーとして名指されている。要するに、尊重されるべき／様々に異なり得る個人としてみなされず悪魔化されているのだ。経験や困難を共有し得る人々と出会う場、実生活では難しい話も含めて話せる場、その数少ない場さえも、恐ろしく損なわれてしまったのだ。

こうした全てが「トランスフォビア」である。何がトランスフォビアなのか知らない人、そもそもトランスフォビアによる困難の存在さえ否定する人が大多数を占めている不均衡それ自体も含めて。

とはいえ、シス／トランスに必ずしも確固たる境界がある訳ではない。

たとえばゲイル・ルービンによる「違和連続体」という概念は、シス／トランスを様々な違和のグラデーションやスペクトラムとして理解するものである。この概念を敷衍して、トランスジェンダーを「性別違和によって有徴化された特殊な存在ではなく、シスジェンダーが無視する違和を引き受ける存在」[5] として記述し直す試みもあるのだ。

だが、それでもシス特権は存在する。違和の有無ではなく、まさしく特権性を名指すカテゴリーこそがシスジェンダーなのだ。たとえあなたが気づいていなくとも、トランスの人々は存在している。私たちはすでに共に生きている。

トランス差別は、シスジェンダー中心的な社会が、制度が、それを創り出すシスの人々こそが変わらなければ終わらない。99%のマジョリティとして、シスの人々は、まず何よりその自覚から始めなければならない。

---

1 鈴木みのり（2020）「（トランスジェンダー）女性が綴った葛藤「男でも女でもなく、社会問題化した"LGBTQ"でもなく、"わたし"として生きる自由を」(https://www.bookbang.jp/article/625992).

2 ゆな（2019）「映画紹介『彼らが本気で編むときは、』」(https://snartasa.hatenablog.com/entry/2019/09/28/100053).

3 Emi Koyama（2013）""Cis" is real—even if it is carelessly articulated." (http://eminism.org/blog/entry/399).

4 夜のそら（2020）「Aジェンダー・マニフェスト（2020）」(https://note.com/asexualnight/n/n6c0a1a91751a).

5 藤高和輝（2022）『〈トラブル〉としてのフェミニズム──「とり乱させない抑圧」に抗して』,青土社,143頁.

「キラキラした トランス ジェンダリズム」 ってなんですか?

かがみ

あなたは22歳のとき、何をしていましたか?

大学生活を満喫していたのでしょうか?　サークルで青春を謳歌していたのでしょうか?　海外旅行を楽しんでいたのでしょうか?　就活や院試に打ち込んでいたのでしょうか?　期待と不安を胸に抱え、来たるべき新社会人生活に向けて自己研鑽に励んでいたのでしょうか?

私はねえ、タイに行きましたよ。性別を変える手術を受けに、文化も言葉も違う国へ渡航しました。たった一人で。

誰もいないホテルの部屋で、数日後には体を切られる手術を受ける不安に苛まれていました。

医者に言われ、クソまずい下剤を飲み、トイレの中で一人で浣腸をしました。辛くて、苦しくて、いっそ死んでしまいたいと思いました。

でも死ぬわけにはいきませんでした。私は生き延びるために、この手術を受けることに決めたのだから。

あなたは冷たい手術台に横になったことがありますか？　全身麻酔をかけられたことがありますか？

手術室は寒かったんですよ。手術着を着せられて、冷たい手術台に横たわって、「Have a nice dream」と言われた直後に暗闇に沈んだあの感覚、あなたは経験したことがありますか？

意識のないまま時間が流れ、目が覚めると全身が痛く、吐き気がし、ベッドから起き上がれない感覚を、あなたは知っていますか？

痛みにひたすら耐えるうちに数日間が経ち、ようやく歩けるようになっても、一歩進むたびにぽとぽとと血が滴り落ちるあの感覚、あなたは知っていますか？血まみれの患部を、あなたは見たことがありますか？

そう言えば導尿カテーテルもつけていましたね。手術直後にトイレなんかに行けないもの。もちろんシャワーも浴びられなかったのですよ、丸々1か月の間に。導尿カテーテルを抜管した時の、あの気を失ってしまいそうな痛み、あなたは想像できますか？

なぜこんな痛みに、こんな苦しみに耐えなければならないのだろう、と思いましたよ。だって、こんな不条理なことってあります？　世の中には生まれつき女性の人がいる一方、二十数年の歳月と数百万円の金銭を費やし、地獄のような痛みと苦しみにも耐えてようやく女性になれる——女性に戻れる——人もいます。なぜ世の中はこんなふうにできているのでしょうか？　やり場のない怒りは結局のところ、神への恨みとしてしか消化できませんでした。なぜ神はこうも残酷で、不条理なことをするのでしょうか？

しかし怒りよりも、あの時の私は期待の方が遥かに大きかったと思います。ようやく自分の本来の性別、女性として堂々と生きていけるからです。

ところが、そこからまだ10年も経たないうちに、ネットではトランスジェンダー

へのヘイトスピーチをよく見かけるようになりました。

「人間は性転換できない」「トランス女性は身体男性」「手術しても男は男」「性別は一生変えられない。性別は変えられるなんて嘘で、犯罪的なイデオロギーだ」——見るだけでめまいがしそうな言葉の数々が、どれも私の心に突き刺さり、私の存在を根底から否定しようとします。

　私は女性なのに、なぜか男の体で生まれました。もし「性別は一生変えられない」のなら、私はどうすればいいのでしょうか？　死ぬしかないのではないでしょうか？

　これらの言葉を見るたびに、私はあるメッセージをはっきり受け取ります。「お前は人間じゃない」「死ねばいい」と。

　大袈裟ではない。私にとって、それらの言葉はこれほど暴力的なものなのです。

　しかしそんな言葉は、日々ネット空間で洪水のように流れています。匿名のアカウントによって。そして時々、著名な学者や文化人によって。

　そんな暴言の数々で私が一番疑問に思ったのは、「キラキラしたトランスジェンダリズム」というものです。

　キラキラ？　トランスジェンダリズム？

　こんな言葉を使う人たちは、どうやら「トランスジェンダリズム」を「性自認至上主義」とかいう、海外起源の先進的で急進的な思想か何かだと捉えているようですが、私には今ひとつピンと来ません。

　そんな思想って、あるの？　自分が女だと言えば女になれるとか、そんな思想、この地球上に本当に存在するの？

　もしそんなものが存在しているのなら、一体私はなぜあんな苦痛に耐えて、たった一人で異国で手術を受けなければならなかったのでしょうか？　「キラキラしたトランスジェンダリズム」とか言っている人たちは、私が生きた残酷な現実を本当に見ているのでしょうか？

それに、キラキラ?

　異国のホテルで、手術を受ける準備として腸の中身を出しきるためにクソまずい下剤を飲み、そして何時間もお腹を下す。それのどこがキラキラしているというのでしょうか?

　言葉が通じない手術室でたった一人で手術台に横になり、体を切られ、血まみれになり、目が覚めても絶えず襲ってくる痛みと吐き気をひたすら我慢する。それのどこがキラキラしているというのでしょうか?

　数百万かけて手術を受け、ホルモン投与を受け、膣が塞がらないよう「ダイレーション」と称して、プラスチックの棒を自分の膣に突っ込んで拡張作業をしなければならない。それのどこがキラキラしているというのでしょうか?

　トランスジェンダーの人々の人生はとてつもなく泥臭く、脆弱で、常に死と隣り合わせのものにもかかわらず、そういう現実には全く目を向けず、あたかも「キラキラしたトランスジェンダリズム」というものがあるかのように、それと必死に戦っている人たちって、一体何をしているのでしょうか?　何を幻視しているのでしょうか?

　ねえ、教えてくださいよ、千田有紀大先生、笙野頼子大作家。「キラキラしたトランスジェンダリズム」って、一体なんですか?

　教えてくださいよ、森田成也大先生。「性別は一生変えられない」と言うのなら、私は死ぬしかないのですか?　私の存在が、「犯罪的なイデオロギー」なのですか?

　千田有紀大先生はおっしゃいましたね?　「反トランスジェンダリズムが反対しているのは「思想」やそれに基づく「制度」であって、人間ではない、と。

　そしてネット上のトランス差別者たちはよく言います。自分たちが反対しているのは男性身体のまま女性を自称する人であり、手術を受けた人は受け入れる、と。

嘘八百もいいところです。

　私の友達はね、トランスジェンダーであることをネット上でアウティングされたのです。彼女はとっくに手術を受け、戸籍上の性別を変更し、何の問題もなく女性として社会生活を長年送ってきました。

　にもかかわらず、アウティングされた途端、「ちんこ切っても男は男」「人間のオス」「Y染色体は変わらない」「性転換手術は整形手術に過ぎない」「よく見たら喉仏がある」「手が大きいし背も高い、やっぱ男だ」、そういった嫌がらせが殺到したのです。

　彼女は私のところに駆けつけて、顔をぐしゃぐしゃにして泣きましたよ。彼女があんなふうに泣いたのって、私は初めて見ました。その時の私の気持ち、あなたには分かりますか?

　しかも、彼女がトランスジェンダーであることを、私は知りませんでした。
　私自身がトランスジェンダーにもかかわらず、彼女もそうだという発想はまったく起きませんでした。それくらい、彼女は埋没していたのです。

　ネット上に、トランスジェンダーかどうかは一目で分かると思い込んでいる人がたくさんいるようですが、そんなことはありませんよ。トランス当事者だって、100% 見抜くことなんてできないのです。他人の性器や臓器や染色体を透視する力を持っている超能力者ではない限り。

　こんな私たちの泥臭い人生、差別され侮蔑され傷つけられ殺される危険性に日々晒されているような私たちの人生に押しつけられた圧倒的な生きづらさを少しでも軽くするための思想や制度がもしあったら、それが「キラキラしたトランスジェンダリズム」というのでしょうか?

　ねえ、分からないから本当に教えてくださいよ。「キラキラしたトランスジェンダリズム」って、一体全体なんなんですか?

わたし（たち）は忘れない

福永玄弥

　　10年ほど、東京に拠点を置きながら中国や台湾、韓国をフィールドに調査をしてきた。調査をかさねるごとにフェミニストや性的マイノリティのネットワークは広がり、訃報のおとずれも増えた。あるときはFacebookの投稿で、あるときはツイートで、またあるときはLINEやメールで、訃報はやってくる。ときと場所を選ばずに。

　　ピョン・ヒスさんの他界は、ツイッターで知った。「だれもが生き延びられる社会になったらいいね」と韓国語で書かれたツイートは、だれかの死をほのめかしていた。タイムラインをさかのぼると、ピョンさんが亡くなったことを知らせるニュースと、彼女を追悼するツイートが見つかった。

　　わたしはピョン・ヒスさんに会う機会をついにもたなかった。この春に提出した博士論文は、ポストコロニアルな東アジアにおいて冷戦体制が性の秩序をどのように形成したか、そしてその過程で「市民」の枠組みから排除されながらも性の秩序を維持するために必要な構成的外部として社会の周縁に留め置かれた人びとの異議申し立てや秩序への抵抗が、社会にいかなる変化をもたらしたかを考察するものだった。そんなわたしが韓国と台湾の軍事主義、

その象徴としての軍隊や徴兵制に対する関心を深めるにいたったのも、自然ななりゆきだった。調査をすすめる過程で、軍事主義が国家の枠組みを強く規定する韓国社会において、軍隊という国家組織をジェンダー平等に、そして性的マイノリティが生き延びられる環境へと変えるべく、NGO を立ちあげてたたかっている人びとと知己を得た。かれらの活動を追いかける過程で、トランスジェンダー女性であることをカムアウトしたピョン・ヒスという若者が、性別適合手術を受けたことを根拠として軍に裏切られるようにして組織を追われたこと、そしてその処分の不当性を訴えて訴訟を起こしていることを知った[1]。わたしは彼女に宛ててメールを書き、次にソウルをおとずれる際に話を聞かせてほしいと依頼した。唐突な依頼にもかかわらず彼女はそれを承諾し、わたしたちは明確な時間をもたない未来のどこかで会う約束をした——けれどもその約束が果たされることはなかった。

*

トランスジェンダー、とりわけトランス女性に対する嫌悪や憎悪、排除の言説が日本で高まりをみせるのは 2018 年夏のことだが、韓国では 2015 年以降の「フェミニズム・リブート」と呼ばれるフェミニズムの爆発的流行がひとつの契機となった[2]。トランス・スタディーズやクィア・スタディーズを敵視し、トランス女性やゲイ男性に対する憎悪や嫌悪の情動、さらには増加するムスリム難民に対する排除の言説を強く打ちだすフェミニストが、若年層を中心に集合的に現れたのである。彼女たちは「女性優先フェミニズム」（정희진 2018）を標榜し、性的マイノリティや障害者、移民や難民といったさまざまなマイノリティとの連帯を模索してきた先行世代のフェミニズムを拒絶し、あらゆる反差別闘争のなかでシスジェンダー女性に対する抑圧への抵抗に専念すべきであると主張する。

女性優先フェミニズムは、トランス女性（彼女たちの言葉を借りるなら「生物学的男性」）の他者化をとおして、生物学的本質主義を根拠とする単一的な「女性」カテゴリーの再構築を試みる。「生物学的性」は「女性であること」を規定するゆいいつの根拠とされ、それゆえ「社会的・文化的性または

性役割」である「ジェンダー」の解体がフェミニストの目標と設定される。染色体や性器といった「科学的な」根拠以外の方法で女性を定義しようとする試みは「女性嫌悪的で、フェミニズムの旗印に反するもの」とされ、トランス女性の実践は「本物の女性」たちが脱ごうとするコルセットを「ふたたび拾って着る行為」であり、「ジェンダー」の抑圧体制を強化するものと解釈される（이효민 2019: 43-44）。

　1990年代後半以降の新自由主義改革と経済危機、それにともなう経済格差の強化は若年層の規範的なライフコースの追求を困難にしたが、このような困難はジェンダー不平等に配分された。そして2016年に江南駅で発生したフェミサイドが、女性たちの危機意識を喚起してフェミニズムへと導いた。ただし、ミソジニーが構造化された社会でフェミニストとなった女性たちは、嫌悪の情動を解体するのではなく、それを戦略的に我有化した。そうして、先行世代のフェミニストが連帯を模索したトランス女性やゲイ男性に対する憎悪の情動や排除の言説を流用したのである（이효민 2019: 7-15）。

　フェミニストの間で広がったトランス排除言説は、プロテスタント右派を中核とする保守のバックラッシュと遭遇することとなる。同性愛者とトランスジェンダーの権利を否定する反ジェンダー運動がトランスナショナルな広がりをみせるなか、韓国の保守派は2010年代からこれらを標的として嫌悪や憎悪の情動を動員してきた。こうした保守的なジェンダー観や情動の政治を共通の資源として、フェミニストと保守の間で共闘関係が成立したのである。

　事実、「女性兵士」としての勤務を希望して軍に異議を申し立てたピョン・ヒスさんに対してヘイトスピーチを投げかけた人びとのなかには、宗教右派やアンチフェミニストの男性だけでなくフェミニストの姿もあった。TERFとしてその名が知られるクク・チヘは、ピョンさんの自死が報道された日に次のように書いた[3]。「性別を変えるという希望のないことにしがみついて人が死んでいく……。女ではない。そう、女じゃない。……一人の男が死んだね」

　クク・チヘへのいくつかの論考は、アジュマブックスやポルノ・買春問題研究会によって日本語にも翻訳されている。トランスフォーブとして著名なシーラ・

ジェフリーズの著作はクク・チへを介して韓国で出版されているが、日本でも『美とミソジニー』が「韓国・脱コルセット運動の原点」という販促コピーを付けて慶應義塾大学出版会から出版された。トランス排除言説を共有資源として、韓国と日本、英語圏のフェミニストのネットワークが広がりをみせている。

　アカデミアで信頼を築いてきた版元が、トランスジェンダーに対する嫌悪や憎悪を扇動する「学術書」を出版する。ジェンダー研究者が、「学問の自由」を掲げてトランス排除言説を積極的にとりあげ、批判を投げかけたトランス当事者を「素人」と呼んで黙殺する。フェミニズムを専門とする大学教員が「こんな論文を講義でとりあげたら TERF と言われちゃうかな」と冗談めかして、笑う。あたかもそのスペースにトランスの当事者がいないかのようなふるまいやヘテロノーマティヴな発話行為は、マイノリティ学生を大学から排除する。韓国でも、日本でも、さまざまなところで見られる光景だ。

＊

　わたしはピョン・ヒスさんと出会えなかった。わたしが彼女について知ることのできることがらはすべてオンラインや新聞記事から得られたものにすぎない。わたしにできること、それは、彼女と出会う機会を逃したことにより逸してしまったものについて考えること、そしてその一部をこうして書くことだけである。

＊

　ピョン・ヒスさんは「（軍隊への）復職後、いつか時間が流れ、退役というものをするようになったら、私を助けてくださる方々のように社会活動家になって、第二、第三のピョン・ヒス……を支援してあげたいという新しい夢ができました」と書いたことを、わたしは忘れない。「頑張りましょう。死なないようにしましょう。必ず生き残ってこの社会が変わるのを一緒に見たいです」と書いたことを、わたしたちは、忘れない[4]。

Fukunaga Genya
Essay [08]

1　ピョン・ヒスさんについては、福永玄弥（2021）で詳述した。
2　韓国のフェミニズムにおけるトランス排除言説については福永（2022）も参照。
3　出所は以下（https://www.facebook.com/permalink.php?story_fbid=369981218342
　　7924&id=100001975374516）。
4　出所は以下（http://japan.hani.co.kr/arti/politics/36043.html）。

参考文献
福永玄弥（2021）「安全な空間と不適切な身体——ピョン・ヒスさんを追悼して」出版舎ジグ
　　（https://jig-jig.com/serialization/fukunaga-quaia-
　　activism/fukunaga_extra/?fbclid=IwAR2vFaHtRdtkCTIXGsMTPZ5IPUzGTPSJlbi
　　8bBGidetRYHvg1a0jvOOK2Wo）.
福永玄弥（2022）「フェミニストと保守の奇妙な〈連帯〉：韓国のトランス排除言説を中心に」『ジェ
　　ンダー史学』18号，75-85頁.
이효민. 2019. 페미니즘 정치학의 급진적 재구성 : 한국 'TERF' 에 대한 비판적 분석을 중심으로.
　　연세대학교 커뮤니케이션 대학원 석사논문.
정희진. 2018. 피해자 정체성의 정치와 페미니즘. 〈피해와 가해의 페미니 즘〉. 교양인.

その声には
応答しない

高島 鈴

1

　議論をしろ——私は何度この言葉を浴びせられたかわからない。私は『現代思想』2021年11月号において、トランス差別言説に対して抵抗する旨の意見表明をしてから持論の展開に入った。それは『現代思想』が2020年3月号のフェミニズム特集において掲載した千田有紀氏による論考「「女」の境界を引きなおす」がトランス差別的な要素を含んでいたためであり、同論考及びその論考を掲載した『現代思想』編集部に対して批判的態度を取ると表明しないことには『現代思想』誌面に執筆したいと思えなかったためである。だがこの表明は、多くのトランス差別言説支持者によって根拠が書かれていないことを理由に不当なものとされ、対話を求められた。私は対話をしない選択をしたが、その姿勢は非難の対象となった。

　この状況のみ確認すれば、私は対話に応じるべきであり、フェアな議論に参画しようとしないずるい論者である、と思われるかもしれない。だが私は、一貫してトランス差別言説支持者と対話することを拒む。その理由は、トランス差別言説に直接対峙することそのものが、トランス差別言説の喧伝・加担

Takashima Rin

Essay 09

になり得るからである。先に言っておこう、「議論しろ」という呼びかけは卑怯だ。

2

2000年の初頭から春にかけて、イギリスではアーヴィング裁判と呼ばれる事案が展開されたことで知られている。アーヴィングとはイギリスの歴史家デイヴィッド・アーヴィングのことで、この人物は反ユダヤ思想に基づいてホロコースト否定論を主張していた。アーヴィングは著書『ホロコーストの真実』の中で自分を批判してきたユダヤ系アメリカ人の歴史学者デボラ・リプシュタットに対し、一連の批判は名誉毀損に当たると言って訴えを起こしたのだ。

結論から言ってしまうと、裁判はリプシュタットの勝利に終わった。リプシュタットはアーヴィングの能力が歴史学者に値しないこと、アーヴィングが人種主義に基づいてホロコースト否定論を主張していることを主張し、裁判所はそれらの主張に基づいてアーヴィングの訴えを退けた。

リプシュタットはホロコースト否定論者との討論番組を打診されたが、それを断り続けたことが知られている。ホロコースト否定論者に対して「肯定派」など存在しないからだ。そのような両論併記は、ホロコースト否定論に一定の信頼を与えてしまう。それを理解しているからこそ、ホロコースト否定論者は積極的に議論をしようと持ちかける。相手が議論に応じれば、あたかも「ホロコーストはあったかなかったか」という論題がまっとうなものであるかのように見せかけることができるし、相手が議論に応じなければ、それを根拠に相手を糾弾したり、自分達は沈黙させられていると主張することができる。つまり「議論しよう」という呼びかけは、どちらに転んでもホロコースト否定論にとって有利に働くのである。

3

本稿がアーヴィング裁判を取り上げるのは、歴史修正主義［History Revisionism］の手口とトランス差別言説の展開の仕方が酷似しているためである。

たとえばトランス差別言説としてよく知られている「トランス女性に女風

呂の利用を許してしまったら、女装して女風呂に入ってくる性犯罪者と区別がつかないから、〈女性〉スペースを守れ」という主張には無数の問題がある。まずここで想定されている〈女性〉とはシス女性のみで、その時点でまずトランス女性を女性カテゴリーから排除する差別言説である。また、先の主張は「トランス女性が性別適合手術なしで公衆浴場を使わせろと要求している」という社会的影響力をほとんど持っていない主張を前提としている。そして「トランス女性と性犯罪者の見分けはつくか、つかないか」という問いかけを包含していることで、意図的にトランス女性と性犯罪者を混同させようとする「犬笛」（＝直接的な意味を含まないが、無数の人を差別に扇動する意図を含んだ言説）として明確に機能する。そもそも人間が性犯罪者であるかどうか判明するのは常に性犯罪が起きた段階でのことであり、それ以前に見分けられる人間などどこにもいない。さらに言えばシス女性のみのスペースが実現したとして、シス女性に対して性加害を目論むシス女性から「スペースを守る」手立てはどこにもない。……このような批判は可能である、だが根本的に言えば、トランスとそのアライがこのような極めて差別的かつ限定的な問いかけに応じるよう要請されてしまう、その状況自体が問題なのである。

　これは藤高和輝の論を引けば、暴力を受けやすい少数者がなぜか暴力を振るう側として想定されてしまう「想像的逆転」であり、トランスパーソンの生活実態に全く即していない。これはトランスの人びとを一方的に加害的な存在として想定する、一種の陰謀論なのである。

　このようなトランス差別的な問いかけに対して、素直に「いや、性犯罪者かどうかの見分けはつく」と応じてしまうと、主張が下敷きにしている差別的言説の土俵に「乗る」ことになってしまう。まっとうな対話を目指して反論を示そうとするほど、この議論はトランス差別言説をまっとうなものに見せかけることとなるのだ。そしてこのような「〈女性〉スペース」議論を無視すると、無視した側の不誠実さを強調されることになる。

　ゆえに前述のトランス差別言説に対抗するためには、トランスパーソンの生活実態を丁寧に示しながら、トランス差別言説が何を目的として展開されてい

るのか、どのような系譜を持って立ち現れているのかを見極めて語る必要がある。これは「直接」トランス差別言説の発話者に対峙するという意味ではない。違う形で抵抗の言説を流し続ける、という意味である。

　この「相手の議論に乗る／乗らない」がどちらに転ぼうとトランス差別言説に与する点こそ、私が歴史修正主義との類似点としてまず指摘しておきたい部分である。リプシュタットがメディアでの討論を拒んだように、相手がめちゃくちゃな主張をさも正当な議論であるかのようにふっかけてくるのに対し、われらは直接的に応答するべきではないのだ。これを読んでいる人の中にも、トランス差別言説の発話者から「議論せよ」と迫られている人がいるかもしれないが、その声に応じる必要性はない。不誠実な声に応えてやる理由は一つもないと言いたい。

4

　以上、簡略ながらトランス差別言説の「議論」と歴史修正主義の「議論」の類似性について指摘を行った。

　付言しておくと、トランス差別言説と歴史修正主義との類似点はそれだけではない。アーヴィングは主張の中で、一貫して生存者証言の有効性を認めようとしなかった。トランス差別言説もまた、トランス当事者の声を聞こうとしない。トランスパーソンがどのように生きているのか、その現実をいっさい受け止めようとしていない。

　このブックレットのタイトルは、「われらはすでに共にある」としている。字義通り、われらはすでに同じ社会に生きていて、すでにあちこちですれちがっているはずなのだ。隣人の生きられた身体を、経験を、声を無視し、それらを勝手に悪魔化するトランス差別言説の発話に、われらは別の声を以て立ち向かわねばならない。何度でも言いたい、われらはすでに共にある。

参考文献
ロバート・イーグルストン著，増田珠子訳（2004）『ポストモダニズムとホロコーストの否定』岩波書店．
藤高和輝（2021）「ポストフェミニズムとしてのトランス？――千田有紀「「女」の境界を引きなおす」を読み解く」『ジェンダー研究』24号．
武井彩佳（2021）『歴史修正主義』中央公論新社．

シスターズへ——
トランスジェンダー差別の嵐が透明にする
トランスジェンダー差別について

近藤銀河

1　シスターズよ

　シスターズよ、と私は言う。シスターズよ、とあなたも時に言うだろう。シスターズよ、と反抗を言う。

　だけど、シスターズよ、と語りかけシスターフッドを召喚する時、それはシスターズではないものを必然的にいつも想定している。

　もちろんそれは当然のことだ。シスターフッドが呼び覚まされる時意識されるのは、男同士の兄弟愛で出来てきてしまったこの世界の歴史と社会のことだ。女性嫌悪的で、同時に女性同士が助け合うことを求めながら、また同性愛嫌悪的で、女性同士が結びつきすぎることを否定する社会（そのような社会では階級の維持のためではない同性愛は男性のものも否定される）。

　シスターズよ、と呼びかけ続ける時、しかしそのようなシスターズの外のものは意識から外されていき、シスターズというなにか本質的な共通点を持った存在が浮かび上がり出してしまう。これは危険なことかもしれない。

　実際、このことはフェミニズムがかつて行なってしまった歴史でもある。かつてフェミニズムは人種的マイノリティの問題を見つめなかったし、レズビアン

を排除した。日本の青鞜も最後にはレズビアンを排除していたし、アメリカでの60年代のフェミニズムもそうだった。逆にレズビアンを正しいものと見るレズビアン分離派のフェミニストたちはトランスジェンダーを激しく非難した。

　もちろん、フェミニストたちはこうしたフェミニズム内部の差別を厳しく批判してきた。ベル・フックスはその代表例だろう。しかし、この歴史は、トランスジェンダー差別という形で繰り返されてしまっている。

2　トランス差別の嵐が覆い隠す生存のための言葉

　トランスジェンダーへの差別が広まりを増す一方で、本書のように差別に反対する言葉も、語られている。それはトランスジェンダーの生存に必要な言葉であり、トランスジェンダーのサバイバルを助ける重要なキットだ。

　けれど、トランスジェンダーの生存に必要な言葉はそれだけではない。外的な圧力はもちろん、様々な内的な葛藤に対抗するための言葉も、今日を、明日を、トランスジェンダーが日々を生き延びるための必要な言葉であるはずだ。

　そうした言葉の種類は一つではない。医療へのアクセスや、そのDIYのノウハウの言葉でもあるし、外にありまた内面化されてしまって自分を傷つける様々な差別と向き合うための言葉でもあり、経験をシェアする言葉でもあるし、トランスジェンダーという体験を哲学する言葉でもあり、その歴史を語る言葉でもあって、また、ただの雑談のための言葉でもある。

　トランスジェンダー差別の嵐は、それらの言葉を摘み取ってしまう。それらの言葉につながる手段を、それらの言葉を必要とする人同士で語り合う手段を、消し飛ばしてしまう。

　それは直接的にトランスジェンダーの人々の生存を危うくする。文字通りに。トランスジェンダーの人々は、それでなくとも排除されている。排除されているのは、お手洗いやお風呂からではない。医療や、教育、逃避先、生存の基礎に関わる物事からだ。そこに対抗するための情報にアクセスしにくくなることはトランスジェンダーにとってとても深刻なことだ。

　同時に、それはトランスジェンダーの実際の生が抹消され、外の人が知るこ

とが出来なくなることでもある。そうして差別的なイメージとしてのトランスジェンダーだけが広まってしまえば、トランスジェンダー差別はますます広まっていく。その果てに、トランスジェンダー差別はもっと違う形で現れることになる。

3　道具として使われるトランス差別

　トランスジェンダーへの差別は、今や様々な形で利用されるに至っている。それはつまり、悪魔化された過激なトランスジェンダーを見出し、それによって全ての口を塞ごう、という手法だ。私はここで、フェミニズム内におけるトランスジェンダー差別の問題を指しているのではない。ここでいう「全て」とはフェミニズムの全て、そして性的マイノリティの全て、のことだ。

　同性愛を始め、セクシュアルマイノリティの差別を行うために、トランスジェンダー差別を理由にする動きは至る所で見受けられる。保守派の政治家とのつながりもある神道政治連盟の機関誌「意」の215号には、トランスジェンダー差別のありふれた差別意見をそのまま述べ立て、性的マイノリティはこのように過激だから同性婚を認めるべきではないとする意見が掲載されていた。

　自民党の山谷えり子議員は、こうした動きを行う急先鋒の一人だ（女性議員がたびたびこうした動きの矢面に立ち、立たされていることには注意が必要だろう）。2021年にはスポーツを題材にトランスジェンダー差別の扇動を行いつつ、当時国会で議論されていた「LGBT理解増進法」への反対を表明した。

　山谷えり子議員は、20年前のジェンダーバックラッシュという、政治主導でのフェミニズム、ジェンダー論を狙った大規模なバッシングキャンペーンに安倍晋三元首相と共に関わったことでも知られている。この時に過激なジェンダーフリー論者というものが想定され、ジェンダーやフェミニズムに関わる物事が排除されていった。

　こうしたジェンダーバックラッシュは、2000年代のフェミニズム的な議論が、現在に受け継がれない遠因になっていて、それは同時にトランスジェンダー差別が現在起こる理由の一つでもあるのかもしれない。

　たとえば、1990年代に「女性を愛する女性」のための雑誌として刊行さ

れ00年代まで続いた雑誌「アニース」には、トランスジェンダーに関する記事が当事者を含め様々な立場から、掲載されていた。残念だけど、これらの言葉は今は参照されないし、そうした言葉がレズビアンコミュニティの中であったこと自体、知られていない。この記録の切断には、先述のバックラッシュが少なからぬ影響を与えている。

　今、起き始めていることは、20年前のこの事態の再来だ。今、フェミニズムは久々に大きなムーブメントとなっている。今、フェミニズムを学びたい人への、フェミニズムの抵抗をしたい人への、様々な学習素材が出てきている。今、それらは実際に行動となり変革へのうねりになろうとしている。

　だから、こうした事態を恐れる人たちは、フェミニズム内ですら差別に遭いやすい人たちのイメージを使って、差別を扇動し始めている。

4　共に戦うために

　元々の予定では、このパートでは前項の終わりから続いて、フェミニズムやセクシュアルマイノリティの運動が、トランスジェンダーと共にあることの必要性を書く予定だった。でも、そんな風な書き方で書くことにためらいを感じてしまって書けなくなってしまっていた。なぜ必要か、という説明は必要である一方で、その説明の仕方はトランスジェンダーとその他の課題が、キットカットみたいに切り離せるものであるという誤解をむしろ後押しする感じがしてしまった。

　私が言いたいのは、伝えたいのはそんなことではない。どんな形であれトランスジェンダーはずっとそこにいるし、いた。そしてその受ける差別は固有のものであり、同時に差別に抗う多くの運動と不可分のものだ。差異による共鳴こそ、差別による支配を打ち崩すのだと、私は信じている。

メモ・ノワール

堀田季何

　左利きの人間、このブックレットの執筆者、日本語話者、性的少数者、首都圏在住者。全員が同じ意見を持っていたり、同じ体験をしたりしているわけではない。

　共通性と多様性は表裏一体。私と同じような人はいるかもしれないけど、私は私。

　ここにメモっておきたい。雑多なメモ。難しい言葉とか学説とか道徳とか、そういうものでなくて。

　レインボーフラッグやトランスジェンダー・フラッグは明るい色でも、性的少数者として生きてきた私のメモワール（記憶）は真っ黒。だからメモ・ノワール（黒いメモ）。

　番号を振ってみる。

　いつだって（ではない）、けっきょく（ではない）、ここでは（たぶん）順番に大した意味はない。

<01> 身体。私は身体を重んじる。

<33> 性別違和（GD）。トランスジェンダー（TG）。性分化疾患（DSD）。すべて「身に覚え」がある。複雑に絡み合っている。

<35> GDやTGでも、殆どの人はDSDではない。DSDでも、殆どの人は、GDやTGではない。私は珍しい例。

<22> 概念や用語の多くは、私の育った環境に存在していなかった。時代の所為だ。性自認も性的指向もジェンダー表現も一緒くたで、蔑称ばかりだった。自覚があっても、言葉を知らなかった。

<06> GDは、6歳の頃に自覚した。出生時に割り当てられたのは男性だったが、性の自意識はノンバイナリーに近い女性だったのだ。この違和感は、恐怖という形でやってきた。性自認と全く違う自分の肉体がおぞましかったからだ。齢をとればとるほどおぞましくなるのが解っていて、自分が醜悪な化け物になってしまうのが怖かった。

<44> ジェンダー表現では、苦労した。家族も親族もほぼ全員女性という環境も影響しただろうが、性自認が女性だったことも大きく、話し言葉は自然に「女言葉」で、仕草や所作も「男らしくない」ものばかりだった。学校では、殴られる、蹴られる、馬鹿にされる、散々いじめられた。その後も、数十年間、有形無形のさまざまな暴力、いじめ、差別、ハラスメントの類に遭ってきた。社会では物理的暴力は減ったが、陰湿なものばかり。多すぎて列挙しようがない。

<77> 途中から「男言葉」を覚えて、条件反射的に使えるまで努力したが、心の奥底に浮かんでくる言葉は今でも違う。仕草や所作はどうにもならない。高校時代は、それゆえ疑似女性扱いされたところがあって、マッチョな友人たちは進んで私の荷物を持ってくれた。性役割の観点からすれば、弱い女性として扱われることを喜ぶなんて今は恥ずべきことだが、（いじめられたくないので、周囲の誰にも言っていなかった）性自認が肯定されたようで、当時の私は嬉しかった。

<41> そんな無理もあって、ジェンダー表現は、周りに誰もいない時は女性（自然）、プライベートではジェンダーレスないしユニセックス（男性の性役割を演じる必要がないが、女性の表現だとトラブルが起きそうなこと、自分の肉体が女性でも男性でもないこと、がある）、学校や仕事の関係では男性（性役割を演じる必要がある）、という具合で生きてきた。文芸の世界では、TGとしてカミングアウトしているので、文芸関係の仕事では、ジェンダー表現を女

性やジェンダーレスにできるのが有難い。

<03> 高校でも大学でも、女性装できるイベント（校内テレビやハロウィーン）がある時は、喜んでした。面白いことに男女で友人の反応が違った。男性の友人には、私の脚や臀部に惚れこんでくれた人がいた。女性の友人たちは、服があまりにも似合っている上、異様に喜んでいる私を姉妹（シスター）として扱ってくれた。

<95> 私は、特段の女性装をしなくても、欧米やアラブ圏では女性として扱われることが殆どである。マームと呼ばれるし、男性トイレの方に歩いてゆけば「そちらではないですよ」と言われるし、空港の職員は旅券上の性別と私の姿を何度も見比べる。自然体のパス率が高いのは、素直に嬉しい。

<45> 国内では、何もしないと、背の高さや骨盤の小ささが影響してパス率は落ちる。しかし、国内の電車でも、痴漢に触られたり、視姦されたりすることは頻繁にある。

<34> 国内外で、痴漢やストーカーには何度も遭った。下半身丸出しの男が自宅まで後ろをついてきたり、留守宅に侵入してきたり、見知らぬ男が抱きついて口説いてきた。

<04> 性役割の押しつけは拷問。親も親戚も学校も職場も押しつけてきた。母親は男尊女卑の社会で苦労してきたので、哀れなことに、アメフト選手になるような男の子が欲しかったようだ。

<09> 漫画やアニメには、女性にしか見えない男性キャラクターが多く出てくるが、私はそういうキャラに自己投影してきた。小説や歴史の本に出てくる宦官たちも、他人事だと思えない。

<36> 育った環境も信仰もカトリックなので、TGは深刻な罪だと思っていた。

<49> 聖職者になるための召命を願っていた時期がある。修道女になりたかったが、カトリックの教義上、出生時の性別が女性でないと無理である。性自認からして、私には、教区や男子修道会という男だけの社会に入る選択肢はなかった。私をこのような肉体と心に造った神様なら、私が神様に奉仕する仕事に就きたいのは解っていらっしゃるはずだが、教会は、神様でなく、

人間が経営する組織なので、どうにもならない。

<38> 私のDSDは、内分泌異常によるもの。更年期のような症状が思春期に現れたが、当時は別の疾患だと診断された。

<59> 少しして、乳腺の増殖により、真性の女性化乳房になった。戸惑ったが、肉体の各所が、男性としては完全に発達していない状態であることに気づいた。20代半ばに帰国後、病院で検査し、内分泌異常によるDSDだと判明した。以後、色々な病院の検査で、DSDの診断が補強された。

<37> DSDの代表的イメージである、染色体異常でなかったことに落胆した。もしそうだったら、自分の問題は、GDやTGでなく、すべてDSDの所為にできたからだ。染色体異常のDSDだと、医師が出生時に割り当てた性別が間違いだと主張できるので、法律上の性別を変更するのは容易だし、性別適合手術も保険で受けられる。内分泌異常によるDSD、それも、私みたいな中途半端な身体（女性よりは男性に近いけどそうでない）だと、そういう手段は選べない。

<21> 内分泌異常によるDSDで最悪だったのは、身体的に中途半端であることよりも、思春期以降、男性ホルモンなどの欠乏による、更年期症状を何倍も悪くしたような症状が年々深刻化し続け、社会的生活が困難になったことである。身体中の炎症や痛み、眩暈、嘔吐、疲労感に四六時中苦しめられた。

<07> 医療的に認められている「治療」（中途半端な肉体が完全な男性か女性になるわけではなく、炎症等の症状を和らげるだけであるが）は、男性ホルモンなどを補充することだが、GDかつTGの私が身体に男性ホルモンを加えるのは死よりも耐え難いことで、その治療を受ける選択肢はない。受けるなら自殺するしかない。

<23> 私にとって、TGであることの最大の苦しみは、DSDの治療を受けられないことだ。これに比べたら、暴力や差別はまだ頑張って耐えられる。

<08> 身体の症状があまりにもひどく、治療の選択肢がないので、何度も自殺を考えた。暴力や差別による被害でも自殺を思ったことがあるが、その比で

はなかった。母親を残して死ぬのをためらったので、自殺しなかった。

<96> 間接的に示唆する論文しかないが、女性ホルモンを補充すれば、炎症等の身体的症状を緩和できる可能性が解り、私はそれに賭けた。放置すれば、寝たきりか自殺しかないので。同時に、内分泌系の一部器官を手術で処置し、体調を安定させた。

<26> 賭けに出たタイミングで、文芸の世界にTGをカミングアウトした。母親を少し悲しませたが、あのままでは死んだのも同然だった命、その命が延びた以上、自分らしく生きてみたいと思った。

<18> カミングアウトすることで性役割を演じる必要性が激減した。そもそも、私がどんなに性役割を演じていても、私の話し方や所作から、私の性的指向か性自認が多数派でないと思っていた、俳句や短歌の友人、学校時代の同級生が多かったことを後で知った。

<99> 私は、ロマンチック・アセクシュアルで、女性として女性に恋愛感情を抱くこともあるが、女性を含む他者への性的な関心や欲求がない。恋愛指向と性的指向を区別していなかった時は、自分をレズビアンだと思っていたが、違う。社会的にはジェンダーレスで、身体は文字通りの中性だ。

<00> 詩歌集『星貌』にこんな句を入れてみた。同集の表紙が黒いのは、メモワール（記憶）の黒さゆえか。

　人生で一番おいしいキスは去勢した猫と

　地下鉄車内二十の眼球が性別を判断してくる

　社会的無性身体的中性天使アダムの林檎詰まって死

　帰園とは裸 身 体（バースデースーツ）脱ぎ捨つる

<■> 俳句は最高のメモ・ノワール（黒いメモ）。番号なんてもう要らない。

Hotta Kika
Essay [11]

声について

榎本櫻湖

　中学校を卒業したときに配られたビデオテープ（当時はVHSがまだ生き残っていた）をしばらく経ってから観ていて発見したのだが、中学2年生のときに校外学習ででかけた京都のどこかの寺か神社かを訪れたわたしが話す声が、ビデオを観ているわたしの声とくらべて微妙に低く聞こえたのだ。声変わりを迎えたのがひどくショックだったのはよく憶えていて、どうにかこうにか少しでも声を高く保とうと喉を締めて発声しているのにもかかわらず、その努力に反比例して下がっていく映像のなかのわたしとその声は、傍からすればそうとは気がつかれない程度に無理をしていて、きっと誰もが見過ごすくらいには不自然だ。

　多くのトランスジェンダーが声にまつわる苦い憶いでを抱えていることだろうが、例に洩れず、第二次性徴のあの忌まわしい突然の訪れとともに、体育や音楽の授業が苦痛になってきていた。小学生の頃は歌を歌うことはそれなりに好きだったように記憶しているし、いまでは家でひとりで、しかも夜中に大声で、YouTubeから流れてくるカラオケ音源にあわせて歌ったりもするが、あの頃は意に反して男っぽくなっていく声を聞かれることさえいやでたまらなかったのだ。

　当時はトランスジェンダーだという自覚がなくて、男性同性愛者だと認識し

ていたけれど、男らしい服装や髪型を強いられることへの反撥心がすでに芽生えてもいて、無自覚なまま性別のゆらぎが大きくなってきていた頃なのだろう、クラスメイトから「男子」あつかいされたくなくて、しかしそれまで親しげにおしゃべりしていた女子生徒たちからはだんだんと煙たがられるようになって、けれど男子生徒の輪にはいることもできずに、かといって目だって仲間はずれにされていたわけではないが、教室内ではどうも浮いた存在になってしまっていた。あの居心地の悪さはいまでもときおり感じるものではあるが、性別を強く意識しはじめる年齢に味わわされたそれは、トラウマティックな体験のひとつとして拭いされずにいる。

　ひとまえで歌うのがいやで、合唱コンクールやおりおりの行事などで合唱をしなければならないときには、それらしくくちだけを動かして声はださずにいたし、カラオケにいくこともなかったが、ときどきなにかの節目に誘われて参加しても、そもそもクラスメイトと音楽の趣味もあわないし、歌いたいと思う歌は高くて声がでない。女性の歌手の歌を無理に歌おうとすると、裏声で歌うとか、1オクターヴ低い声で歌うとか、自分のなかの自分が自由に歌っている声と現実に聞こえてくるそれとの落差に悄然として、仲間うちで騒いでいるクラスメイトを横目にぼんやりとやりすごすよりなかった。テレビで見かけるきらびやかなニューハーフの、しかし鴉のような濁声が汚らわしく思われて、しょせん身なりをそれらしく繕っても、声で男だとバレてしまうのだと失望したりした。

　少しでも声を高く、男っぽく聞こえないようにと努めるうち、いつのまにかももともとの声よりは高くなったのだろうとビデオテープを観て思ったのだったが、すると今度は自分の地声がどういうものかがわからなくなった。いや、いまのこの声が地声なのだろうが、とすると声を高く保とうとする意志が地声まで変えてしまったということか。当時、クラシック音楽を好んで聴いていたわたしは、家でよくオペラのアリアや合唱曲をくち遊んでいた。プッチーニの《ある晴れた日に》や《わたしのお父さん》、モーツァルトの夜の女王のアリアなんかを、見よう見真似で、歌詞もでたらめに歌っていた。カウンターテノールとして一世を風靡した米良美一がどこかで話していたことだが、裏声で歌うことを心が

Enomoto Saclaco
Essay [12]

けると、声がきれいになるのだという。《もののけ姫》もよく真似して歌っていた。おそらくそうした抵抗が功を奏したということなのかもしれないけれども、携帯電話で録音した自分の声は、依然として気にいらなかった。いつかこどもの頃にテレビで見て汚いと感じたニューハーフの声そのものだったからだ。

　歳を重ねて、自身の身のうえやキャラクターが周囲のひとたちにおもしろがられることを知っていくにつれて、酒席で《もののけ姫》や《千の風になって》の歌真似をみなのまえで披露して、拍手やときにはおひねりをもらったりするようになると、女にしては低いが男にしては高いこの中途半端な声も、唯一無二の、この世にふたつとしてないわたしだけのものだと次第に思えるようになってきていた。顔かたちや体型、髪や皮膚のいろもひとそれぞれ違っているように、声も誰ひとりとしておなじものはない。漠然と、標準的な女の声を理想としていた自分がいつしか消えていて、不満だらけのこの声とともに生きていくことに妥協できるようになると、不思議ともっと誰かに自分の声を聴いてほしいと感じるようになる。詩を書きはじめてしばらくは、朗読には否定的な立場をとっていたのだが、それも自分の声がいやだったからかもしれない。ただ自分が書いたテクストを声にだして読む悦びみたいなものに囚われるようになって、また2015年に出演したあるドキュメンタリーをきっかけに、どう足掻いても逃れられない自身の声に観念したというべきか、しまいには自分で朗読会を主催するようにもなって、しかも会の終わりにはカラオケ音源にあわせて歌を披露していて、それはただ自分が心地よくなるだけの、ひとりよがりなショーだとは重々承知していたが、つかのま自由になれた気がしたのだ。

　朗読する姿をおさめた映像を観ると、どうも普段の話し声よりいくぶん低いように聞こえるのだが、もしかしたらそれがほんらいの声なのかもしれない。聴くひとに偏見をあたえないように、書いて読むわたしの普段のキャラクターを持ちこまないようにとか、テクストを構成するそれぞれの要素の対立を排して、あるいは書きながら獲得した文体が持つであろうニュートラルな状態を保つためとか、もっともらしい理由をあげることはできるけれども、実際には明瞭な発

音や腹から声をだすことを心がけてといった程度のことなのだろう。

　いずれにせよいまでも気にいっているとはいいがたいこの声が、自分でも意識されるかされないかといった微妙なレベルでの格闘のすえに獲得したものであるならば、それは否応もなしに肯定されてしかるべきものであって、当然自分自身の声だけでなく、テレビで陽気に騒いでいるように見えたニューハーフやオカマと称されていたひとたちの声でさえも尊いものなのだ。
　まったく予想外なことにときどきなぜか褒められることもあるこの声は、どうあっても既存のふたつの性別にたやすくふりわけられることもなく、ほかの誰でもないわたし固有のものとして、生きることとわかちがたくいつでも発せられつづけることだろう、むろん不測の事態によって失うことがあったとしても、だ。

熊で鹿で兎で
そして

山内 尚

　汚いからそこのトイレを使いたくないということを伝えられずにおもらしをした子ども、好きな先生の前で親愛の表現を見つけることができずただ手を振り回しながら飛び跳ねて今日あったことを報告する子ども、本を読み架空の国を作っては現実でも夢の中でもそこに逃げ込んでいた子ども、それが私であった。

　小さい頃から周りとのコミュニケーションがうまくとれない子どもで、今振り返ればそれは現在と変わりがない。今も私は自分と周囲との認識を調整することに不安を感じながら生活している。私の伝えたいことがどうやっても伝わらないのだ。例えば自分の性別が男女二元論に当てはまらないこと、その日その時によってどう自分がありたいのかが揺れ動くということ。私からするととても当たり前すぎることなのだが（だって人間は男・女の二つにぱっきり分けられるわけがないんだしその日に起きる出来事や会う人間によって自分の中身がたぷんと揺れることなど当たり前にあるだろうと私は思っているので）、しかし人によってはそれは納得しかねることらしい。

　今これを読んでいるあなたにとってもこのことはありえないことだろうか。そうであったとしてもここに私という存在がいる。ありえないと瞬間的に考えたであろうあ

なたよりずっと長く、自分の流動性について考えてきた。もしこれを読んでいるあなたもまた流動性とともに生きる人だったとしたら、またはそういった人の身近にいて考えてきたという人であったら、私よりも長くこのことと付き合ってきたのかもしれない。流動性があるということについては人によって表出の仕方や感じ方がさまざまなので、今回のこの文章は流動性とともに生きてきた人のためのものというより、これから流動性と生きていく人や流動性とともに生きたことのない人たちのために書きたいと思っている。

　さて、冒頭で私は他者とコミュニケーションがとれないことと、流動性があることを相手に理解されないことを並列に書いてみた。どう感じただろうか?　私からすると、自分の考えが十分に相手に伝わらないことと、服装や髪型で調整した己が自分が思う性別のあり方で正確に認識されないことは同じことである。自分が思う性別で認識されないということはあえて例えを探すとするならば、この地球上には犬か猫しかいないと信じている異星人を相手に「今日の今の時点での私は熊です」と話した時に、「いやいや猫に見えるところもあるけれどあなたは犬ですよね」と返されるようなものだ。もどかしさと伝わらないことのつらさがここにある。たいていの場において性別というのは服装と肉体をあわせた見た目と発される声によって判断される。いちいち性器を見て判断しようという人がいたとしたら、それがかなり異様な提案であることは言わずとも分かるだろう。私が自分が思う性別のあり方で認識されないと感じる時は、服装と肉体をあわせた見た目と発される声が異星人から見て「犬」である時ということである。私がその時に自分のことを「熊である」と感じていることを無視して「犬だろうか?　猫だろうか?」という前提で毎度会話が始まってしまったら、と考えてもらったとしたならば、このことの暴力性が少しでもあなたに届くだろうか。

　流動性とともに生きることは、周囲との微細な、時に大胆な調整を繰り返すことだ。熊に見えるようにと犬のように見える特徴を削ぎ落としたり、鳴き声を真似てみたり、熊の毛をもらって身体に貼りつけることもある。熊ではなく鹿になりたい時は角をつけてみることもあるかもしれない。ほんのひと握りの生き物に限っていうとその戦略はとても適切なもので、犬か猫のどちらだろうかと思われながらも、

Yamauchi Nao
Essay [13]

熊や鹿や兎など自分の見られたいものになれる可能性を秘めている。しかし、多くの場合は犬か猫に振り分けられ、そのことに疑問を持たれることはない。内なる流動性を抱えながらも、私たちのほとんどはどんなに自らの外側を内側に沿ったものに変化させたところでなす術がないのである。毎日毎日、どちらなのかを暴力的に問い続ける二元論の世界の中で、内なる流動性を社会によって抹消されているのだ。他の人がどうだかは知らないが、私にとっての流動性は睡眠欲や食欲と同じような階層にあるものであり、自分自身でも舵を握れない不思議でどうにもならないものであるにもかかわらず、である。

　ただ、最近では内なる流動性との関係が変化しつつある。今までは社会と自己との絶え間ない調整であったものが、疲弊と諦観によりしばしば休憩を挟むようになったのだ。「本当は今日は熊の気持ちだったけれど「犬」であるように見えてもいいや」と思う日もそれなりに多い。今までほとんど常時と言っていいほど調整し続けてきたにもかかわらず「あなたは犬だ」と言われ続けてきた結果、私と親しい人間だけが私が熊になったり鹿になったり兎になったりすることを知っていればいいのかもしれないと思うようになってきた。これは今までの私が自らが流動性を持つことを世間に知らしめるために自分の身体や服装や声を使おうと試みてきたことを無駄にする変化かもしれない。でも「あなたは犬だ」と言われ続けているのに、熊の毛皮を纏うことは、鹿の角を生やすことは、兎の耳をつけることは、痛みを伴うことでもあるのだ。相手にそう見られたいと思ったものではない名前で呼ばれた時に私はひどく恥ずかしいようなどこにも居場所がないようなそんな気持ちになる。そんな気持ちになるくらいならいっそのこと犬に擬態してしまえばいい。

　と、そうやって自分が二元論の世界に外側を歪まされて、果ては内なる流動性までもが摩耗していくのを、ぼんやりと眺めている私がいる。その私は、本当は、あなたに自分のその時点での内面が熊であることに・鹿であることに・兎であることに気づいて欲しかったわけではなく、ただそうあろうとしている姿をそのままに受けとめて欲しかったのだと思っている。いつだって、なにを着ていたって、どんな声をしていたって、なにもこちらが言っていないのに最初から犬や猫だと決めつけないで欲しいと、たったひとつのことをささやかに願っているだけなのである。

58

セックストイと
自炊飯

呉樹直己

　2022年3月、1本目のテストステロンエナント酸エステル——持続性男性ホルモン製剤の注射を受けた。治療の目的は、シス特権を喪失しない程度、つまり外見上女性としてぎりぎり通用する程度においての、女性的特徴の中和。社会的に男性として生きるつもりはまったくなかった。シス特権は、精神疾患を持つわたしの脆弱な心身でこの国を生きていく上での強力な基盤の一つで、手放す気はない。当たり前のようにシスジェンダーとみなされてきたそのままに、シスジェンダーとして生きていくことがわたしの望みだ。この国の法が、医療が、社会状況が違えば、また違う道を選んだ可能性はあるのかもしれない。それでも、現にこの国は"こう"なのだから、わたしはシスジェンダーという生き方を選び取った。選ばされた、とは言いたくない。擬態とも言いたくない。出生時につかまされたアイデンティティではあるが、長じて再度つかみ直したのはわたしの意志であると思いたい。

　以上の考えを医者に説明して納得させる迂遠なプロセスを取りたくはなかったから、GIDの診断書なしで即日注射してくれる病院を探し出した。「正規」のルートとは程遠いところから、わたしの——なんと呼べばいいのだろう？　移

Kureki Naomi
Essay [14]

行する気がないのだから性別移行と呼ぶのはしっくりこない——旅は始まった。

　賭けではあった。いきなり口髭が生えて、女性として生きる上での「パス度」が急低下する可能性も十分にあった（そのような体験談も見聞きしていた）。それでも踏み切った結果、本稿を書いている2022年10月時点において、わたしは幸運にも賭けに勝っている。望ましくない変化は現れていない。

＊

　テストステロン注射を始めて1カ月で、クリトリスの肥大を自覚した（以下、性器と自慰の話が続きます）。ほぼ包皮に埋もれていて正確な形状を触覚することすら困難だった突起が、初めてまざまざとその姿を現した。それは恥骨の端近くから皮膚の下の隆起として生じており、外気に触れる部分——陰核亀頭はペニスの亀頭に酷似していた。雁首と呼べる深い段差も生じていた。性交の場面で、シス男性の身体に触れるときに、ペニスの雁首のあたりを上下に摩擦すると彼らが喘ぎ声を漏らしたことを思い出し、包皮の上からクリトリスの雁首を恥骨に押しつけるように上下の力を加えてみる。サイズが大きくなったことで以前よりも精妙な刺激を加えることが可能になり、以前よりも強い快感が走る。

　変化した身体への好奇心に後押しされて、生まれて初めてマスターベーションの道具を買ったのもこのころである。

　道具はシリコン製で、きゅうりのような形状をしている。片方の先端近くの側面にクリトリス吸引機能がついており、もう片方の先端はペニスを模した形で高速で振動・伸縮するようになっていて、ヴァギナに挿入できる。吸い口をクリトリスに当てると、もう片方の先端が臍のほうを向く。つまり、勃起したペニスが下半身に生じたかのごとき姿になるのである。クリトリスに触れていないほうの先端を掌で包み、撫であげてみる。包皮を剥きあげてよくよく目を凝らさなければ視認できなかったクリトリスの昂奮は、巨大なシリコンの棒によってこの上なく明確に浮き彫りになった。わたしは自分の身体をつかみ直した。

＊

　長年のセルフネグレクトを完全に脱したのは、現在の同居人と暮らしはじめ

てからである。同居人は精神疾患を患っており、当時家なしの大学生だった
わたしは、住み込みの家政師のような役目を担うことを条件に部屋を与えられ
た。長年の荒れた食生活で病んでいた同居人の胃腸は、わたしの野菜たっ
ぷりの自炊飯を食べて徐々に回復していった。そのさまをわたしは一番近くで
見ていた。栄養を摂れば、身体は回復するのだ。他人の身体を通してみれ
ば簡単に了解できたが、自分ごととしてはそれまでわかっていなかった。

　同居はかれこれ2年と数カ月続いている。

　同居人の身体という外部装置を通して、わたしは自分の身体をつかみ直した。

＊

　先に書いたように、わたしは医者への説明を拒んだ。友人にも、恋人にも、
誰にも事前に相談せずに注射に踏み切った。

　精神疾患者の最も悲惨な点の一つは、自らの言葉を信じてもらえないこと
だと思う。しばしば聞かれる「鬱のときは重大な決断をしないように」という
フレーズは、有用なアドバイスでもあるが呪詛でもある。口を開けば妄想や錯
乱や「健常でない状態」を疑われ、契約能力はないものとされ、必死の訴
えも無効化される。クィアであると同時に精神疾患者でもあるわたしの選択は、
果たしてどれほどわたし自身の意志なのだろうか？　わたしはわたしに問う。わ
たしに問いかける機会をうかがっている人たちがたくさんいるのも知っている。
わたしに「説明」させ、「証明」させたがる——その実「説明できない」こと
を期待している——人たちが。

　それでも、シリコンの棒と同居人の身体と、その他さまざまわたしのつかみ直
しを助けてくれた事物は、いまここに“ある”という圧倒的な事実でもってわた
しを安心させる。問い自体が無効なのだと実感させてくれる。選び続けるプロ
セスこそがあとから振り返ったときに意志と呼ばれるのだと気づかせてくれる。

　シリコンの棒に触れる。（許可を得て）同居人の身体に触れる。今日も生きる。
説明するためでなく、証明するためでなく、ただ進む。ホルモン注射は、まだ
続けるつもりだ。

Kureki Naomi
Essay [14]

背を向けて、
彼方を見つめて、
向き合って

清水晶子

　　　オピーはこのセルフ・ポートレイトについてこう述べている。「この写真
　は色々なことを言っているけれど、そのひとつは、私はあなたに背を向けて
　いる、ということだ。」オピーの写真には文字通り突き刺すような凝視で眼
　差しを返してくるものが多いが、後ろ姿（バックショット）の写真は、眼差しの問題を完全に
　すり抜けてしまう。眼差しが（背後からきて）かかわりを持たれ（エンゲージされ）ないところに、
　ジェンダーの様々なかたち、性化された身体を徴（しるし）づける異なるやり方を可
　能にする余地が開かれるように思われる。（ジャック・ハルバースタム『女
　性の男性性』1998、訳は筆者による）

　クィアな写真家として知られるキャサリン・オピーによる2枚のポートレイト、
1992年の《ダイク》と93年の《セルフ・ポートレイト／カッティング》は、どちらも、
人物の裸の上半身を真後ろから大きく切り取った写真である。どちらの人物も短

髪で腕や首筋にタトゥーを入れ、シルバーのボール付きのフープピアスをしている。

　この2枚の写真について、ジャック・ハルバースタムは1998年の著書『女性の男性性』の中で、ここで人物が「背を向けている」ことがジェンダーの様々なかたちを可能にするのだ、と述べる。「後ろ姿の写真はジェンダーを読めなくする」もので、「ジェンダーの曖昧さというあまりに安易なゲームにかかわること（エンゲージ）の拒否」なのだ、と。ハルバースタムがここで「背を向けている」ことをわざわざ取り上げて論じた意味を、私は長いこと摑み損ねていたように思う。トランス・マスキュリンな人々の身体の正面を映さなければ、たしかに、その人物の身体正面のどこかにジェンダーの証拠を見つけてやろうとする視線は行き場を失うかもしれない。けれども、だからどうだというのか、と私はどこかで思っていたのだ。いくら背を向けてみせても、結局のところ眼差しはこちらが振り返るのを待ち構えているだけではないのか？私たちの身体を特定のかたちに留めつける支配的な眼差しとのかかわりを拒絶しても、眼差しのあり方を変革することにはならないのではないか？　結局のところ、小さく閉ざされたコミュニティに逃げ込み、そこから出られずに終わることにならないだろうか？

　「背を向けること」に私が当時抱いていたこの懐疑は、90年代のクィア政治の潮流に私が強く影響されていたこととも、多少は関係があるだろう。初期のクィア理論と政治とは、安定した確たるアイデンティティを前提とする政治的連帯に疑問を投げかけ、カテゴリーや集団の境界線をあらかじめ閉ざさないようにすることを、ひとつの大きな特徴としていた。イヴ・セジウィックの言葉を借用するなら、当時のクィアの気分はマイノリティ化（マイノリタイジング）——それぞれ異なるアイデンティティを持つマイノリティ集団を念頭におくこと——よりも普遍化（ユニバーサライジング）への志向にかなり傾いていた、とも言える。そのような気分からは、支配的な眼差しへのエンゲージメントを拒否して「背を向け」ようとする姿勢は、ラディカル・フェミニズムの分離主義と同じ袋小路に迷い込みかねない、リスクの高いもののように思えたのだ。

　もちろん、支配的な眼差しに「背を向ける」姿勢は、その眼差しのもとで尊厳を否定され生を脅かされるマイノリティが生き延びるための戦略であり、最終的に成功したとは言い難いとはいえ、分離主義フェミニズムにしても、そのようなサバ

Shimizu Akiko
Essay [15]

イバルの必要に促されたものでもあったろう。けれども私が当初理解していなかったのは、それが歴史的にはとりわけ女性たちの中でもさらにマイノリティであった女性たちの戦略だったと言うことだ――たとえばベル・フックスがハリウッド映画を観る黒人女性たちの「対抗的な眼差し」についての論考で記述したような。

　古典的なハリウッドの物語映画が（白人の）女性をモノ化／対象化する男性的な眼差しに支えられていたとすれば、黒人女性観客は、眼差す男性の側にも、眼差され対象化される女性の側にも立たない「対抗的な眼差し」をもってそれらの映画を鑑賞する、とフックスは述べる。この「対抗的な眼差し」は、単に支配的な眼差しの磁場を外れているだけではない。支配的な眼差しとのかかわりを拒否した黒人女性は他の黒人女性に視線を向け、相手の黒人女性性を承認するのだ――「彼女たちはお互いに見つめ合ったり鏡をじっと覗きこんだりして、黒人の女性であるという経験にすっかり集中し切っているようだ。自分たちをどう見るのかが何よりも重要なのだ。他人にどう見られるかではなく。」（ベル・フックス「対抗的な眼差し：黒人女性観客について」2014、訳は筆者による）

　支配的な眼差しに背を向けることで、オルタナティブな視線の交換を通じたマイノリティの相互承認の可能性が開かれる。フックスのこの指摘を補助線として、ハルバースタムは2005年の著書『クィアな時と場で』においてオピーの「後ろ姿」に触発された98年の考察をさらに展開している。ここでハルバースタムが取り上げるのは、映画『ボーイズ・ドント・クライ』の1シーンである。トランス男性であるブランドンの性別を確認させろと迫る男たちを、ブランドンのガールフレンドであるラナは「自分が確認するから」と押しとどめる。けれども二人きりになった部屋でブランドンがズボンを下ろそうとすると、ラナは外性器の視認を拒絶する。ブランドンと並んで窓から遠い夜の空を見上げて、ラナは言う――「あの人たちには、私たちが本当だと知っていることを話そう」。二人は顔を見合わせて微笑み、そしてラナは待ち構える人々に向かって「私はちゃんと目の前で見た。この人は男だ」と証言する。

　このシーンでのラナの視線は、「そこにはないものを見る意志」、「ありのままのものを象徴的なものよりも優先する（ブランドンの性器を彼のジェンダー表現より

も優先する）ことの拒否」を示すものだ、とハルバースタムは論じる。ブランドン
の性器を視認することを拒絶するラナの身振りは、ブランドンがいわば支配的な
視線に「背を向ける」余地を作り出す。そして、そのように作り出されたオルタ
ナティブな余地が、支配的な視線の下では「そこにはない」とされているもの——
男性であるブランドン——を、にもかかわらず「ちゃんと見た」と証言するラナの
視線、互いに見つめ合って「私たちが本当だと知っていること」を確認し合う二
人の視線を、可能にするのである。

　もちろん、実際に起きた悲惨なヘイト・クライムに題材をとったこの映画におい
て、このシーンは奇跡のように一瞬だけ現れるユートピア的な地平を示すものの、
それを超えてブランドンとラナの生を——あるいはブランドンの死を——変えること
はできない。それでも、支配的な視線に背を向け、目の前にはない何かを見て
取り、互いにそれを確認し合う彼女たちの身振りは、儚い一瞬ではあれ、支配
的な視線が決して承認しようとはしない生に、存在の可能性と尊厳とをたしかに
もたらすのだ。そして、マイノリティの生がひどく脅かされ、その存在の正当性が
声高に問い質され、その尊厳が憚ることなく踏み躙られているとき、その生がとに
かく存続すること、その尊厳を完全には奪い去らせないことが何よりもまず必要な
のだとすれば、この身振りの重要性を過少に見積もるわけにはいかないだろう。

　支配的かつ敵対的な視線に向き合い、それを変えようとする試みは、言うまで
もなく重要である。けれどもそこにたどり着くために、マイノリティはまず生き延び
なくてはいけないし、互いの生を承認し、生存を支え合わなくてはならない。支
配的な視線に「背を向け」てエンゲージメントを拒否し、オルタナティブな視線
を共有し、そして互いに承認の眼差しを向けること。そこから始めることを私たち
は怖れるべきではないし、躊躇うべきでも、ましてや非難すべきでもない。むしろ
私たちは次のように問うべきですらあるかもしれない——私たちは、生を脅かし尊
厳を損なう視線に十分に背を向けることができているだろうか。そこに視線を絡
め取られることなく、オルタナティブな生が可能になる地平に目を向けられている
だろうか。そして互いの生と尊厳とを認め合う視線を互いに十分に向け合ってい
るだろうか、と。

Shimizu Akiko
Essay [15]

雑踏の中でも
見つけられる

岩川ありさ

このエッセイは、多和田葉子『容疑者の夜行列車』（青土社、2002年）、『百年の散歩』（新潮文庫、2019年）、イーユン・リー『理由のない場所』（篠森ゆりこ訳、河出書房新社、2020年）に依拠している。

　30歳の冬、わたしにはちいさな子どもがいた。わたしのかたわらを転がるように駆けまわっていた足音。ねぇ、待って、と呼びかけてくる息づかいの熱さがわたしの耳には焼きついている。あなたはよく迷子になった。でも、探そうとすると、急に隣にいた。手をつないでなきゃだめだよというと、でも、どこにも行かないこと、知ってるじゃない？　ときかん気な顔をする。わたしは、渋谷の本屋でアルバイトをしていた。夜11時に店が閉まって、家までは、二度、電車を乗り換える。そのたびに、わたしとあなたは迷子になる。どちらが迷子になったのかはよくわからない。わたしが迷子になったような気もするし、あなただった気もする。

　半蔵門線の電車の中で、わたしはあなたの手を握って、離れないでねと声をかける。あなたは123センチメートル、わたしは178センチメートル。背の高さが違っているから、電車の揺れで声がよく聴きとれない。わたしが屈みこむと、携帯電話と睨みあっていたスーツ姿の人と目があって、その人はぎょっとした顔をする。わたしは、ためらいがちに、すみませんと謝って、違う車両に移る。わたしはあなたを置き去りにしたい気持ちを抑える。見捨てられることの恐さは知っ

ているのに、あなたを大切にできない。

　小学生になったばかりのあなたは、もうこんな時間には眠っていなければならない。けれども、わたしが眠るまで、あなたは眠れない。乗り換え駅のコンコースのはしっこで、あなたは、突然、背負っていたランドセルを地べたに置いて、今日の宿題をとりだす。理科のドリルの表紙はナナホシテントウ。これ、すごいよ、と得意げになったあなた。でも、なぜ、いま？　わたしは、立ち食い蕎麦屋のシャッターの前であなたが差しだしたドリルの表紙をじっと見つめる。わたしは、ナナホシテントウというのが何なのか、すぐにはわからない。赤い背中に黒い点が七つあるのがナナホシテントウ。おぼえていたような、忘れていたような。あとで見せてね。わたしがそういうと、あなたはランドセルの中にドリルを戻す。B4判くらいの大きさ。駅の時計が11時半を指す。わたしはあなたの手をとって京葉線のホームに走る。あなたがうしろについてきているのかを何度もたしかめる。

　東京からの快速が停まっていて、人の数は終電前だから多い。わたしとあなたは混みあった車両に滑りこむ。人の体温に息がつまる。

　あなたは人のあいだでひしゃげている。わたしは、助けようとして、やっぱりひしゃげている。大きな駅で人が降りて、ようやく座れるようになる。あなたをシートに座らせると、おしっこという。

　なぜ、いま？

　もうすぐわたしが住む終点の駅なのに。そうはいえずに、ひとつ手前の駅で降りる。風は冷たくて、ホームには白い息がのぼる。駅員が指差し確認をして、電車が駅を出る。

　よし、行こう。

　わたしは、あなたに声をかけて、一緒に階段を降りる。あなたがトイレに入って、わたしは一日のことを思いだす。ムックの返品をし忘れた。レジの数字が10円あわなかった。自己啓発本の棚に手ぶくろが忘れてあった。昼ごはんに食べたカレーに福神漬けがついていなかった。花屋の店先でガジュマルの樹を見た。友だちからメールがきて、ピクニックのためのシートの柄を選んだ。のど飴がか

ばんの中で砕けた。缶コーヒーのバーコードに誕生日が入っていた。それから、それから。

あなたはそのあいだどこにいたのだろう？

あなたが共用トイレから出てきて、間にあったと笑う。

時計が11時45分を指している。今から家に帰ると、零時を過ぎる。お風呂に入って、眠るまでのあいだにできることは限られている。階段のなかばで、電車の到着を告げるアナウンスが聴こえる。走るよね？　とあなたが尋ねて、大丈夫なら、とわたしは答える。ランドセルを揺らしながら、あなたは階段を一段飛ばしで走る。

あぶない。

でも、わたしの声は聴こえていない。わたしも一段飛ばしで走る。ホームは幻のような光の中。顔を上げると、夜空には冬の星座が瞬いている。がらんとした車内だった。終電はまだひとつあと。ヒーターが効いていて、窓が曇っている。あなたはシートに座って、海洋博物館に行きたいという。わたしは、「カイヨウ」の意味がすぐにはわからない。

うみ。うみ。

終点の駅でわたしは降りる。「回送」になった車内に、あなたは光の粒子みたいに立っている。こっちにおいでと、わたしは手をのばす。だめだよ。そのまままだと、車庫に連れてゆかれてしまう。わたしは、あなたに手をのばす。あなたはすりぬける。わたしが腕を差しだした瞬間、わたしはあなたがいなかったことに気がつく。

わたしは、今夜、社員さんと一緒に本屋を出て、出版不況ですねと軽くため息をついた。半蔵門線であなたの声を聴くためにしゃがみ込んだとき、あなたはそこにいなかった。ランドセルから出したドリルも、ひとつ前の駅で降りたことも、いま、こうして、あなたについて書いていることも、全部、わたしがつくりだした物語だ。だけど、30歳の冬、わたしはたしかにあなたと一緒に過ごした。その冬は、どこへ行くにも、わたしはあなたと一緒だった。展覧会も、映画も、動物園も、レストランも、ふたりぶん。わたしはあなたとして生まれて、あなたと

68

して生きて、わたしとして大人になった。わたしが、遠ざけて、思いだしたくなかったあなたが、手を差しだしてくれた。わたしの目の前で走りまわって、ずいぶんと騒がしい冬を過ごさせてくれた。記憶ちがいを容赦なくつきつけて、アルバムや文集まで読み返すことになった。黒いランドセルを背負ったわたしがそこにはいた。消し去ろうと思っていたあなたの名前をわたしはそっとなぞる。わたしは、あなたの足音なら、きっとどんな雑踏の中でも見つけられる。自分の足音のことだから。

身体と知を売ることについて

釘宮もみじ

　私が「政治的」な人間である理由の多くは、私の経験に依るのだろう。「個人的なことは政治的なこと」、ってやつか。私はトランス女性でノンバイナリーでセックスワーカーで性暴力サバイバーで neurodivergent でバイ／パンセクで……マイノリティとしての体験は多少ある。だから多様な視点で社会を見ることは少し得意かも。

　セックスワーカーのトランスの人たちは多い。アメリカで2015年にトランスの人たちを対象に行った調査[1]によれば、回答者の12%にその経験がある。身分証の問題もあるし、多くの採用担当者や、同僚や、あるいは家族にとって私達は「キモ」い。カミングアウトしたら、そのまま実家を追い出された、なんて話はそこまで珍しくない。そのうえ医療アクセスの欠如や経済的困窮という問題が私たちの精神的健康を蝕み、就労を困難にする。そんな中で、セックスワークは比較的やりやすいのだろう。

　セックスワークの現場では、トランスとあまり関係ないところでも、同じような構造が見られる。不安定な雇用形態にある人々には共通の問題ではあるが、個人ではなくてお店で働いているセックスワーカーも、業務委託ということにな

る。これはギグワーカーに似て、働く日時ぐらいは柔軟にできるけど、ほぼプラットフォームの言うとおりに仕事をし、でも特に労働者としての保護はない。セックスワーカーは脱税ばかりだ、という言説があるが、確定申告をして納税しようとしたとて、お店にそんな経験がなくて、使える書類が出てこないのが普通だろう。そうしてセックスワーカーの多くが証明できる収入がなく、住居などの資源へのアクセスが困難になっている。健康保険証を持っていない人も多いだろう。国家と関わるところはわからない、という例がとても多い。

　国家といえば、日本の国家によるセックスワークの規制は、やたら詳細に決められていて、奇妙である。例としては、売春防止法では「売春」が禁止されていて、その法によれば「「売春」とは、対償を受け、又は受ける約束で、不特定の相手方と性交することをいう」らしい。さらにこの「性交」はペニスを膣に挿入する行為（以下、penis in vagina = PiV）だそう。しかしソープランドと呼ばれるお店では奇妙な法的な建前のもと PiV が提供されることを知る人は多いだろう。それ以外の現場では、摘発対象になる（実際に摘発されるのは基本的に界隈の政治的事情が理由である）ということで、「本番禁止」というフレーズが従業員と客に伝えられる。こんな具合で、何もかも国家に決められているのに、その決め方はホンネとタテマエなのだから恐ろしい。

　しかし、PiV こそが業界によれば「本番」であり、法によれば「性交」であるというのは、ペニス・シスヘテロ中心主義が著しい。私には今のところ膣がないし、今後造るかもわからない。国家はシス女性が「売春」するのは「助け」なければいけないと思っても、性のヒエラルキー[2]の中心から離れてしまった人たち——私とか——には関心が及ばないらしい。

　私のセックスは「性交」ではないので、警察にビビる必要は少ない。後ろで挿入しても性交だと私は思う。でも、そうはみなされていないので、結果としてそれは PiV のサービスより安くなってしまう。そもそもトランスフェムのセックスワーカーはそれ以外も安い。足元見られてるんだろうか？　そうなんだろう。気に入っている仕事だけど、苦笑いして見過ごすことだらけだ。

　こんな感じで自分の経験からは、性に関する共通の抑圧の構造が見えてくる。

Kugimiya Momiji
Essay [17]

上で挙げられた例では、さまざまな資源、特に国家のサービスへのアクセスが阻害され、周縁化される経験が私とその周りにあふれている。こんな感じに国家は私の身体のあり方もその使い方も気に食わないんだな。こうやって人々をコントロールしてくわけだ。

ただ抑圧の経験は、ときに構造にたどり着かない。

傷ついた経験は、加害の凶器になりうる。「個人的なことは政治的なこと」はとても大切な言葉だけど、抑圧の経験それ自体がすでに抑圧全体の理解なのだと正当化するために、あまりにも頻繁に使われてしまう[3]。結果として生まれるのは、効果的でない運動、そして最悪の場合は、さらなる加害だ。

トランス排除的ながらフェミニストを名乗る人たちの多くは家父長制下で傷ついた経験を持つだろう。もちろんその痛みは本物だ。でも、トランス排除的な言説の正当化にそれらの経験が使われる。その人たちには、経験とトランス排除の結びつきが自明に見えるのだろう。

どうしてその加害の言葉をつむぐ前にもう少し考えてくれなかったの？　私だって女性嫌悪に遭うし、性暴力の経験で苦しんでいる。同じ構造の中で私も苦しむのに、私が悪いことにされて苦しい。

ただ、私はその苦しさを個人にぶつけないようにしたい。加害の多くは構造の変革によってこそ防げると私は信じている。変革的正義ってやつ。だからこそ、抑圧の経験は、知として苦しみを減らすために使いたい。

だから私の言葉は聞いてもらいたい。でも、正直なところ、私の言葉の多くはすでに語られたことだ（既存のそれを読みたい方は注[4-7]あたりを参照してほしい）。どうして聞いてもらえるんだろう？　私の言葉は「当事者の語り」という製品なのではないか、と時に思わざるを得ない。この製品を作るために私は言葉をつむぐという労働をし、「運動」とか「界隈」からの評価や、聞いてもらえる特権自体なんかを対価として受け取る。自分の話が全く新しい知を含まないとは思わないが、そういう価値を見出されているほうが、いろいろと説明がつく。それでも当事者性的なものを使うのは意味があると思う。いくら私の語ることはどこかにもう記されているとはいえ、皆がすべての既存の言葉を知っているはず

はない。私が目の前で自分の経験を語るとき、人はその知を得てしまうだろう。そうやって私の言葉が届けばよいと思う。

　この仕事は気に入っている。労働時間の自由さ、セックスとかおしゃべりが楽しいこともある、自分のしたいようなジェンダー表現ができる、とか。それで「女の子とはよく遊ぶんだけどニューハーフの子とははじめてでさー」とか言われて、いや私は女性ですけど、とか心の中でつぶやいたり、ニコニコしながらサービスを提供したあとに、マジでクソ客だったな……私今メイクくずれすぎじゃんうわ……とか思いながらもやっているわけだ。

　運動的なものに関わるのも、時々めんどくさい。「当事者性」を求められているな、と思ったとき、私の同僚の多くにその仕事はできるだろうか？ 「典型的なセックスワーカー」なんてものは存在しない。多様すぎるから。それでも、求められることをする自分には時々なる。

　理不尽な世界の中で、最良だと思える選択肢を探して私は生存してきた。生存のためのロールプレイは、嘘だろうか？ 答えがどうであれ私はそれは抵抗のための武器だと思う。であれば、私は少しでもマシに生き、少しでもマシな世の中を作るために、使っていく。特にそれよりマシな選択肢は用意されてないから。

1　2015 U.S. Transgender Survey Complete Report, p.159.
2　Rubin, G. S. (1984). Thinking Sex: Notes for a Radical Theory of the Politics of Sexuality. に載っている例の図。
3　hooks, bell. (1984). Femiist Theory: From Margin to Center. 他でも散々言われている話だけど、これの pp.24-25 の表現が今までで一番しっくりきてる。
4　ショーン・フェイ著，高井ゆと里訳（2022）『トランスジェンダー問題——議論は正義のために』明石書店．
5　Spade, D. (2015). Normal Life: Administrative Violence, Critical Trans Politics, and the Limits of Law. Duke University Press. 超推し本。
6　SWASH 編（2018）『セックスワーク・スタディーズ——当事者視点で考える性と労働』日本評論社．
7　Smith, M., & Mac, J. (2018). Revolting Prostitutes: The Fight for Sex Workers' Rights. Verso.

ご機嫌いかがですか

吉野　靫

　2023年6月、私はまだ京都で暮らしています。ロシアのウクライナ侵攻は続いていますが、COVID-19の規制が緩和され、海外の観光客もずいぶん戻ってきました。部屋の窓を開けていると、往来からいろんな言葉が流れ込んできます。ここに越してきて7年。最後に別れのあいさつをしてからは、もう10年以上が経っています。

　あなたが私の本[1]を読んでくれたかどうかは、もはや知りようもありません。冒頭には一緒に過ごした年月のこと、つまり医療事故や裁判闘争の日々[2]についても書きました。読者はもっぱら暗い気持ちになるようで、しかし私自身は、暗夜の道行きを続けているわけでもありません。つくづく、書くことは手放すことでもあるのだと思います。自炊し、ヨガを習い続け、3年前からは歯医者の定期検診にも行くようになりました。抗うつ剤の量も信じられないほど減り、横たわっている時間と活動している時間は完全に逆転しています。玄米と納豆の弁当を持って賃労働へ行き、帰宅すると猫たち（そう、新入りが加わったのです）の出迎え。時間がある夜には、相当の暴力を伴うアクション映画や韓国ドラマ

ばかり観ています。

　原告として生きた「地獄の季節」をともにした上の猫は、私が遅い時間に出かけると、今も何となく咎めるような様子です。あの頃は、身体の上に想定もしなかった傷痕と引き攣れ、酷い陥没があって、薬でぼんやりさせた頭の中では常に火花が散っていました。怒り、恨み、やりきれなさ、殺意、不安、恐怖、すべてを腹の中に呑み込んで、滅多に吐き出しはしなかった。口頭弁論後に執刀医を罵ることも、ネットに呪詛を書き殴ることも選ばなかった。公正な原告、若いのにしっかりしている原告、それを守ることが誇りのために必要だったからです。しばしば、着の身着のままで飛び出して深夜の路上を徘徊したものです。氷雨の降る中、凍りはじめたコンクリートを裸足で踏んでわかった、身体だけはどこまでもついてくるということ。幽霊のような姿で戻ると、猫はきちんと異様さを察していて、いつもと違う顔でそわそわと寄ってきたのでした。

　今ではもう、遅くに出かけるのはジムに行くときだけです。都合のよいことに近所のジムは、トイレやシャワーに男女別と共用を設けているのです。長らくやめていたジム通いを再開したのは、ある映画のキャラクタに刺激を受けたから、ということにしています。弓を引くときの上腕の盛り上がりや、打撃の苦痛に耐える腹筋がとても素晴らしかったので（私の目指す身体が一貫して「胸が平らで柔らかさを感じさせない」造形なのは、最も"トランスらしい"エピソードかもしれません）。ここ何年か、筋肉を増やすこと自体は意識していました。上腕や胸筋が発達したので、昔の服は半分くらい入りません。最近は、Ｔシャツを着たときの肩のラインが、縫製にぴたっと沿う感じを楽しんでいるところです。具体的には言いませんが、更新された部分はほかにもあります。それをトランジションと呼ぶひともいるでしょうが、私は「カスタム」という言い方を続けています。顔を合わせることがなくなってから、あなたの赤血球や骨の細胞も幾度となく入れ替わったでしょう。現象としては、似たようなことです。

　私がアクション映画を観て筋トレに励んでいるなんて、意外かもしれません。

Yoshino Yugi
Essay [18]

原告時代の私は娯楽作品を観なかったでしょう。重苦しさが尾を引くような作品ばかり選んでいた。間違っても「自分はことさら酷い目に遭っているのだ」などと思い上がらないよう、鞭を入れ続ける必要があったのです。圧政に抗った先人や差別に声をあげた先人は、どれだけの理不尽に耐えて闘い、どれだけの代償と引き換えに権利を手にしたか。そして、その報いが死でしかない場合もあると。史実をもとにした作品やドキュメンタリも観たけど、今でも台詞を諳んじることができるのは『V for Vendetta』です。公開時、「民衆が政府を恐れるのではない、政府が民衆を恐れるのだ」という惹句のポスターを気にしながら、劇場で観る暇はありませんでした。医療事故ののち、療養という名の空白を持て余すようになってからレンタルしたのです。私は映画の楽しみ方を知らず、監督であるウォシャウスキーの名も知らず、『マトリックス』さえ観ていなかった。かろうじて、出演するナタリー・ポートマンが素敵だと思っていた程度です。ひとりの部屋で、初めて自分だけの意志で選んだ映画を、中古のiBook G4 で観ました。エンドロールのあと興奮が抑えられず、Aちゃんに支離滅裂なメールを送ったことを覚えています。やっぱり革命が必要だ！　俺もいつか、××を爆破するぞ！

　主人公「V」は黒く長いマントに仮面の復讐者で、その顔は最後まで明かされることがありません。男性として描かれていることはわかるのですが、物語が示唆するのは、その身体が、性別はおろか個人を特定するすべての情報を喪っていること。胸のお粗末な縫合痕がじくじく痛む冬、腐った皮膚の幻臭が消えないまま、私も自前のマントでうろつきました（Vが闊歩したロンドンの街並みと違って、背景は寺社仏閣だったけど――）。考えていたのは、「仮面の内側の人間」になって生きるということ。同じ頃、先輩や友人に言われたものです。吉野くんはジョーカーみたいに／マグニートーみたいに／シャアみたいになってはいけない、と[3]。みな、簡単には素顔を晒さない悪役の名前です。かれらは世界から逸脱し、あるいは迫害されて逃げ延びたのち、既存の秩序を破壊して新たな世界を始めようとしました。先輩たちが伝えたかったことはわか

ります、「仮面の内側の人間」としてやっていくにしても、せめて自壊しない結末を選ぶように。そして何よりも、行為の動機として中心に置くものは何なのかと。それでも私は、いつか世界を終わらせてやろうという欲望を、ずいぶん長いこと捨てられずにいました。

そこからどうやってアクション映画と筋トレの生活にたどりついたのかというと、何か決定打があったわけではありません。人生における大体の出来事は背後から突然やってきますが、回復や歓びの類いは進んだ先にしかないと決まっているからです。ただ日々を繰り返すこと、やり過ごすこと。選んできた闘いの意義を問い直し、薄れていく情熱を惜しみ、繋ぎとめられなかった関係を悔やみながら、それでも飯を食って眠ること。

私を憶えていますか。

時に思うのです、あなたはすでに「知ってしまっている」人間なのだと。クィアだトランスだという言葉が飛び交う日常を過ごし、様々なマイノリティが抱える課題についても学んだ経験のある人間なのだと。一度知ってしまった以上、生きようとして声をあげる人々のニュースを、いつまでも座視していることはできないのです。

私はただ、同じ場所にいます。拡声器を握ったり、「偉い奴」を怒鳴りつけたり、抗議の脱衣を披露したりすることはなくなっても、この場所を譲らないことに決めて立っています。あなたは、今どこにいますか。後ろに何を残しますか。

1　吉野靫（2020）『誰かの理想を生きられはしない——とり残された者のためのトランスジェンダー史』青土社．
2　筆者は身体改変に伴う医療事故で、大阪医大ジェンダークリニックとの裁判を経験。
3　それぞれ、映画『ダークナイト』、『X-men』シリーズ、『逆襲のシャア』のキャラクタ、あるいは当該作品での行動。

共犯者

周司あきら

トランス差別はあります。私はそれに抗いたい。でも、もし言葉を自由に手繰り寄せていいのなら、まずは現実に生きる者たちについて書き残したい。これは、どこかのトランス女性と、彼女を愛する犬の物語。

あなたはかわいい。とてもかわいい。肌がやわらかい。つるんと弾む。いい匂いがする。瞳の奥がかがやいている。同じ目線に降りてくる。天使のよう。ふたり、全部忘れて布団にくるまる。ぼくが忘れさせてやる。そっと舐める。

あなたは泣く。泣いてから、笑ってみせる。人間社会はきびしいのだ。人々はどれほど不誠実なのだろう。お前は死ね。お前は偽物だ。お前は犯罪者だ。お前はズルい。お前は不採用だ。お前は親不孝者だ。お前はきもち悪い。お前は愛されない。お前には生産性がない。お前の身体は許可できない。お前にふさわしい身分証をやらん。ずっと、そう。社会が安全な瞬間など、あなたの前にはなかった。

トランスジェンダー、とあなたは仕分けられる。生まれたときから歯車はズレていって、これ以上うまく回せなくなった。あなたは優等生だったけれど、もう口角を上げていられなくなった。最初は内出血だった。やがて透明な血が外にふき出した。そんなあなたが存在する。あなたは存在しつづけてきた。ということは、あなたを愛するひとも存在するということだ。ぼくもそのうちのひとりだ。ずっといっしょにいたい。

けれども、あるときから、あなたは外出しなくなった。おもては怖いのだと。

　似合う服を着て、不自由なく前へ進む人たちをみると、目から水があふれて、湖になる。どんな姿勢で歩いたらいいかわからないから、あなたは全身かなしばり。性別を決めつける遊びに夢中な世間は、視線の暴力にあふれている。ぼくといるときは、必死にぼくが引きつけるのに。ねえ散歩しようよ。あなたを殴るやつは、ぼくが噛む。

　あるときから、あなたは話すのをやめた。電話を受けるのも、お店に入るのも、重たい。声を出すのが怖いのだという。どうして。とてもやさしい声。真実の音がする。ぼくは知ってる。一部の人間に牛耳られたこの世界は、とても窮屈だ。ふたりで永遠に眠っていたほうが、きっと幸せだ。でもそれじゃあいけないのだろう。とんとわからない。

　あなたが好きだ。ずっと好きだ。とてつもなく。消えないでほしい。だれにも支配されないで。ほんとを言うと、あなたをひとりじめしていたい。ぼくのぬくもりに埋もれていいよ。ふわふわの毛で包んであげる。傷つけられにいかないでいい。人間じゃなくたっていい。男じゃなくていい。規範的な女なんか目指さなくていい。

　ぼくは知ってる。あなたにはあなたの道があるんだよね。ますます美しくなるんだもんね。ぼくにはわからない。きっと誰にもわからない。でもそんな道をあなたはいく。ひとりでいく。いつか昔、あなたのような人が、その道を切り拓いた。長いときを経て、踏み固まった。今はまだ、トゲまみれの道だけれど、あなたは踏み出す。隣には誰もいなくなった。

　あなたが生きながらえれば、淀んだ空気は澄んでみえる。そうなんでしょう。ぼくはまだ知らない。解放区とはいえないのかもしれない。やっぱりどこか、汚いのかもしれない。あなたはひとりで寂しいのかもしれない。つぎはぎだらけで、嘘くさいのかもしれない。いや、やめだ。あなたはいつだって大丈夫。

　ぼくも届さない。小さな足で駆けていく。追いつくのはカンタンじゃなかった、でも、どうでもいいさ。ぼくを見つけて、あなたは立ち止まる。薄汚れた毛を撫でる。あなたはもう道を引き返すことはしないけれど、ぼくのために止まって

Shuji Akira
Essay [19]

くれたね。

　あなたの瞼に捧ぐ。ふたりして、また潤む。ぼくはぼくでしかあれない。ずっといっしょにはいられないのだろう。置いていかれるのはどっちだろう？　しずかに、あなたの幸せを祈る。どこにいても応援してる。ちょっと、痛い。鼻が濡れる。

　たくさんの晩が過ぎた。壊された時計を、永遠に磨くような時間だった。あなたはいっぱい記憶を捨てたから、自分を生きられるようになった。名前を。服を。写真を。声を。筋肉を。体毛を。性腺を。友だちを。家族を。職場を。身軽になりすぎるくらい別れた。いつかぼくも捨てられるかもしれない。恐怖より喜びを抱えていたいな。

　あなたの平穏と、共にゆく。おかしな紙切れのせいで不安定な雇用をするあなたと、ささやかでもあたたかいご飯を食べていたい。家族なんて知らないあなたと、冬を乗り越えていたい。インターネットに広がる地獄をみる前に、ぼくに夢中にさせたい。生活は肝心だ。あなたの毎日を、共にゆきたい。

　あるときから、あなたは外へ向かうようになった。ぼくが嗅いだことのない新品の靴で。歩きはじめはいつだってつらい。あなたはまた平気なフリをするけれど、ほんものの笑顔だから、心配してないよ。やがてたくさんの陽射しを浴びる。背筋を伸ばしたあなたは、眩しかった。

　ぼくはひっそり遠慮する。だって、ぼくは変わらないまま。変わらないぼくを、誰かが見つけてはこまるのだ。あなたが嘘をつかなければならない。性別を変えることは、生活を変えること。いくつも嘘をつくこと。ひとを欺くこと。居場所をなくすこと。痛みに慣れること。いつかあなたはそう言った。

　ぼくだけ正直ものでいつづけるわけにはいかないのだ。ぼくも姿を変えていく。鳴き声を変えていく。歩き方を変えていく。耳は立てずに、尾は垂らす。別じんになっていく。それがあなたの隣にいる術だ。ぼくは幸せ。これは嘘じゃない。

世界の
トランスジェンダー映画
5選

児玉美月

『トムボーイ』

セリーヌ・シアマ　2011年，フランス作品

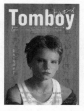

生まれたときにロールと名づけられた10歳の子供が、引っ越し先の町で出逢った少女に「ミカエル」と名乗る。そうしてロール／ミカエルは家の鏡の前、ひとりで上半身裸になり、唾を吐き捨てるといった少年の所作を模倣し、サッカーの場面ではそれをまさに実践してみせる。ロール／ミカエルは、子供たちの集団において「パス」するために周囲を注意深く観察しながら、「少年」に意味づけられている記号や身振りを絶えず反復することによって、望むジェンダーを構築してゆく。しかし好奇心と遊戯性に富んだこの映画は、ロール／ミカエルが果たして「少年」なのか「少女」なのか、あるいはそのどちらでもないのかを決して明らかにはしない。ロール／ミカエルのそんなひと夏の冒険は、目的地なき冒険に等しい。

『海に向かうローラ』
ローレント・ミケーリ　2019年, ベルギー作品

性別適合手術を間近に控えたティーンのローラは、支えてくれていた母親を亡くし、対立している父親と旅に出る。「どうしても手術が必要なのか」と案ずる父親に、ローラは「手術しなくてもずっと女なの」と応じる。ローラと理解に苦しむ父親とのそんな対話は、そのままローラと彼女を知ろうとする観客との対話にもなってゆく。ローラは全身ブラックのストリート系ファッションを好む。ローラのそんな在り方もまた、これまでの映画とは異なる未来性を感じさせる。ローラが口にする「見た目は大事じゃない」というメッセージと、「望む身体へと移行する」プロットが互いに共存しながら、トランスの物語が実際にトランスである役者ミヤ・ボラルスの身体を通して語られてゆく。

『ナチュラルウーマン』
セバスティアン・レリオ　2017年, チリ・ドイツ・スペイン・アメリカ作品

当初はコンサルタントとして製作に携わったトランスジェンダーの歌手ダニエラ・ヴェガが、最愛の恋人を亡くしてしまうマリーナを演じた。トランスジェンダー映画において重要なモチーフとして扱われてきた鏡が脚の間に置かれ、性器の部分がマリーナ自身の顔になるショットは、『燃ゆる女の肖像』を彷彿とさせるかもしれない。あるいはマリーナをふいに映し出す街中で運ばれる大きな鏡は、彼女が周囲からの暴力的なまなざしに自覚的であることを示唆しているようである。亡き恋人が残した鍵の合う場所を探し求めていたマリーナは、ついにその場所を突き止め、扉をそっと開ける。そこに何があったのか、この映画はすべてを見せようとはしない。だからこそ私たちは想像しなければいけない、その扉の奥にあったものを、今ここにあるのではないものを。

『リングワ・フランカ』
イザベル・サンドバル　2019年, フィリピン・アメリカ作品

ト　ランプ政権下のアメリカに生きるフィリピンからの移民でありトランスジェンダーの女性でもある主人公が描かれる。この映画はフィリピンのトランスジェンダー女性であるイザベル・サンドバルが主演・監督・脚本・製作まで兼ねている。主演だけではなく、製作まですべてをトランスジェンダー自身が務める映画は世界的にみても未だほぼない。『リングワ・フランカ』は問題の射程を「誰が演じるのか」だけでなく、「誰が撮るのか」にまで敷衍させるだろう。この映画のトランスジェンダーは複雑な人物造形がなされており、サンドバル自身の「トランスジェンダーに関するシスジェンダーの解釈を修正するのが最優先事項」という言葉通り、この映画はいかにトランスの物語をトランスが語ることが重要かを伝えている。

『lost to shame (英題)』
ナム・ヨヌ　2016年, 韓国作品　　　　　　　　　　※日本未公開

演　劇でシスジェンダーの男性の役者がトランスジェンダーの女性役に起用される。彼は役のためにリサーチに乗り出すが、その過程で性的マイノリティに対する表面的な理解の面が次第に剝がされ、偽善や欺瞞が暴かれてゆく。その演劇がきわめて紋切り型な悲劇であるらしいことも明らかにここでは皮肉として機能し、厚顔無恥な「芸術」を告発する。この映画は舞台空間を利用し、「LGBT表象」に乗っかってフィクションの世界で脚光を浴びるマイノリティを演じるマジョリティと、現実社会で虐げられているマイノリティとを、壇上と客席において対比／対面させる。トランスジェンダーを巡る映画が内包する諸問題への批判的な批評性に満ちた、激昂の1本。

共にあるための
ブックガイド

私たちの問題──
「トランスジェンダー問題」を捉え直す

水上 文

『トランスジェンダー問題』
ショーン・フェイ 著，
高井ゆと里 訳／
2022／
明石書店

ト　ランスジェンダー問題とは何か？
　その言葉は、一体誰による、誰のための
ものなのだろう？

　トランスの人々は人口の約1％に満たない。

　メディア表象も教育も啓発も足らない。シスジェンダー中心的な社会は、明白にトランス
の人々を様々なレベルで排除している。にもかかわらずトランスジェンダーに関して近年盛んな
「議論」は概ね、トイレや風呂の問題に偏り、あるいは言葉の定義問題に終始している。

　だが、近年激化する差別言説の増大が「問題」として「発見」するよりずっと以前から、
トランスの人々は現実に様々な「問題」に直面させられていた。身体の完全なる自律性を
否定する社会に、性別二元論とシスのみを想定する社会に、ユニバーサルなヘルスケアの
欠如と欠陥に、性別承認法（特例法）の課す要件の厳格さと差別性に、学校での虐めに、
就労における差別に、ハラスメントに、経済的剝奪に、性暴力に、国家による暴力に、不
当な虐待に、晒されていた。

そして様々な人が以前からずっと、声を上げ続けていた。たとえば、三橋順子が大学教員になったのは 2000 年、上川あやが統一地方選で当選したのは 2003 年、吉野靫が大阪医科大を提訴したのは 2007 年のことである。本書の訳者あとがきで語られるように、東京トランスマーチ、あるいはそのマーチの 10 日後に立ち上げられた「ありえないデモ」といった動きもある。他にも、遠藤まめた、浅沼智也、西原さつき、山本蘭、虎井まさ衛、若林佑真、薬師実芳らの名前をあげながら周司あきらが手短に列挙してみせるように、「トランス特有の困難については、日本でトランスジェンダーの権利のために活動している人々はずっと主張し、闘ってきて」いた[1]。

　にもかかわらず、近年の差別言説によって「トランスジェンダー問題」が「発見」されたのだとしたら、真の問題はそこにこそある。たとえば 2020 年 3 月号『現代思想』はトランス差別的な論考が掲載され、批判を含め差別言説に関心が集まったが、同号には鈴木みのりによる論考も掲載され、差別言説とは全く異なる繊細さでもって（トランス）女性の生活と音楽が描き出されていた。個人の様々に多様で複雑な生を掬い取る試みを実践し続けてきた人々はもちろん、このブックレットの寄稿者にも数多く含まれている。

　もしもそれが十分に聞かれていなかったのだとしたら、近年の差別言説によって本書が注目を浴びるとしたら、本書を手に取って初めて知る物事が数多くあったのだとしたら、それ自体がシスジェンダー中心的な社会が作り出した問題に他ならないのだ。

　著者であるショーン・フェイが言うように、トランスの人々に関して生み出される「議論」の言葉がトランスの人々によって設定されることはめったにない。だから状況を変えるためにあえて「トランスジェンダー問題」を冠したこの本が試みるのは、問題の設定権をトランスの人々の手に奪い返すこと、トランスの人々が本当に直面している困難をこそ論じることである。のみならず、トランスではない人々との共闘点を探り出し、ラディカルな変革に向けた連帯を喚起することである。貧困、学校や職場での虐め、ホームレス状態、ヘルスケアの欠陥、性暴力、刑事施設そして移民や難民の収容施設における暴力。本書で扱われる問題は多岐に渡るが、それらはトランスの人々のみが経験し得る特殊なものではない。この社会で弱い立場に置かれた人々がとりわけ経験しやすい問題であり、社会の問題だ。本書に描かれているのは私の、あなたの、私たちの問題なのだ。訳者の高井ゆと里の言葉を借りれば、この本は「いつかこの本が読まれる必要がなくなる未来」のために、誰もが手に取るべき正義の書である。

1　周司あきら（2022）「『トランスジェンダー問題』の画期的なところ？（ショーン・フェイ著／高井ゆと里訳）」（https://ichbleibemitdir.wixsite.com/trans/post/book-review-thetransgenderissue1）.

トランスジェンダーと
フェミニズムの共闘点

中村香住

『トランスジェンダー・フェミニズム』
田中玲／
2006／
インパクト出版会

本書は、「ポリガミーでパンセクシュアルの FTM 系トランスジェンダー」である田中玲が、レズビアン・フェミニストのサイト「いらつめ」や『インパクション』に書いた原稿をもとに、書き下ろしを加えてまとめた著作である。刊行されたのが 2006年とやや昔であることもあり、現在から見ると用語法に古い部分がある点については注意が必要だが、一人のトランスジェンダーでありかつフェミニストである著者が、トランスジェンダーとフェミニズムがどのように共闘できると考えているのかを経験をもとにして仔細に書き込んだ本として、今でも十分に資料的価値を持つと考えられる。

田中は、フェミニズムが、自分が社会的・政治的にどのような場所に置かれているのかを指し示してくれ、また自分と同じように性別二元制に疑問を持つ人に出会わせてくれたと述べる。その一方で、たとえば性暴力やDVが男から女に対してしか起こらないと思われがちなこと、婚姻制度を問題にする際にも異性愛主義や一夫一婦制が問われることは少ないことなどを挙げて、フェミニズムでさえも性別二元制から完全に自由ではないとも述べる。だからこそ、「性別越境していく中で、「女」「男」と二分された「性別」が自分の目の前で解体していく現象をリアルに体験する」（18頁）トランスジェンダーが声を上げることで、フェミニズムに資することができるのではないかと田中は考えている。

田中はさらにもう一つ、トランスジェンダーとフェミニストが共闘できると思われる点を挙げている。それは、「私」という個を生きやすくすることである。クィアを生きるとはすなわち個を生きることであり、フェミニズムも性別二元制から自由になった個を生きることを目指していると思われるからだ。具体的には、個を生きることを否定する社会制度、たとえば戸籍制度の廃止や、それと連動する天皇制の廃止などが挙げられる。田中は、この点を突き崩すために幅広い連帯が必要であると述べ、社会保障を戸籍単位ではない、個人単位の保障に変えることを共に目指すべきであると提起する。

本書を読むと、女性たちの置かれている性差別的な現状と、性別二元制や異性愛強制社会がいかに分かち難く、そして複雑に絡まり合いながら結びついているのかがよく分かる。この状況は現在も変わらず、むしろさらに緊密な結びつきを見せるようになっているのではないか。田中が提言した、異性愛シスジェンダー女性とクィアな人たちがそれぞれの経験や資源を共有しながら共闘していくことは、今こそさらに重要な意味を持つだろう。

ハンマーの共鳴音を探る──
トランスジェンダー差別の批評のために

近藤銀河

フェミニストのサラ・アーメッドは、ハンマーの共鳴性という言葉で、自身が受けてきた有色人種のシスジェンダーのレズビアンとしての立場から、トランスジェンダーの差別と自身の間にあるつながりを、必死に手繰り寄せようとした。彼女のこの行いは、自身がシス女性としてスルー出来た痛みを見つめなおす事であり、その違いに連帯の可能性を見出そうとする、努力のパフォーマンスだった。

『**妊娠・出産をめぐる
スピリチュアリティ**』
橋迫瑞穂／
2021／
集英社新書

『**生を祝う**』
李琴峰／
2021／
朝日新聞出版

　私は、彼女が語るこのコツコツと鳴るハンマーの音を聞きながら、その逆というか直接トランスジェンダー差別のことが語られているわけではないのに、そのハンマーの音と重なる音が隠されている2冊の本を思い出していた。

　私が思い出していた本は、橋迫瑞穂による新書『妊娠・出産をめぐるスピリチュアリティ』（2021年、集英社）と、李琴峰による小説『生を祝う』（2021年、朝日新聞出版）の2冊で、どちらも妊娠と出産についての本だ。私がこの二つの本と、トランスジェンダー差別の間に共鳴するものを感じたのは、どちらでも、妊娠や出産という身体の機能によって団結しようとする一団が描かれるからだった。

　『妊娠・出産をめぐるスピリチュアリティ』で橋迫は、現在のスピリチュアル市場の妊娠出産をめぐる論に影響を与えている三砂ちづるという論者をとりあげ、三砂が女性の身体を自然と結びつけ、聖性を付与していると論じる。そこでは、出産が至高の体験とされ、社会性よりも内部性が重視される。橋迫はこうした三砂の主張を、女性器を持って生まれることによって受ける社会からの差別への抵抗であると同時に、社会の変化を望む回路へのつながりを断つものでもあると橋迫は論じる。

　一方で『生を祝う』が描くのは、出産に際して新生児の同意が必要な未来の世界の物語。主人公は合意を取ることを善とするが、主人公の姉はそれに対して否定的な意見を向け、自然な出産を称賛し次第に過激化する組織に加担していく。描かれるのは、妊娠や出産という機能を押しつけられた人間の、行きどころのなさだ。姉は、組織の「共感の渦に浸るのは、すごく気持ちよかった」と語りつつ、語り合う互助会だったはずの組織が、

一つにまとまり過激化していくことに怖さも感じる。

　これらの本が描くのは、身体機能とジェンダーの結びつきから受ける抑圧の中でもがく過程で、隘路にはまり込んでいく女性たちの姿だ。トランスジェンダー差別は、性別と身体機能や身体器官との結びつきを極度に重視すること、そしてこの結びつきによって性別を区別し管理しようという発想から生まれやすい。だから、この2冊が示す妊娠や出産をめぐる地点から湧き上がる女性の抑圧に対するこうした抵抗は、トランスジェンダー差別に近いものになっていく。抵抗だったはずのものが抑圧になる。

　橋迫が描くのは、自身の抑圧された状況と対峙する過程で、社会への変革を夢見なくなる女性の姿であり、李が描くのは、自身が受けた抑圧との向き合いの中で、過激な陰謀論に近づいて行ってしまう女性の姿だ。その二つは違うものでありながら、理想化された自然への憧憬と、共感による結束という要素によって、硬い近さを見せる。

　その先には、コツコツとハンマーで削られた人が、コツコツとハンマーで人を削る風景が待ち構えている。果たしてどのようにすればこのハンマーの音に抗うことができるのだろうか。何か統一的な指針が、このような差別に対して意味を持つとは思えない。

　必要なのは、鳴り響くハンマーの音の違いを、必死に探して、音の響きを行き来することなのではないかと、私はいま思っている。

割り当てられた性を出てゆく
経験としてのトランス

青本柚紀

『**ノンバイナリーがわかる本——
heでも she でもない、
they たちのこと**』
エリス・ヤング 著，
上田 勢子 訳／
2021 ／明石書店

ノンバイナリーとして自らを位置づけるようになってから、アンブレラターム（ある共通点をもつグループ全体を指す言葉）としてのトランスジェンダーにノンバイナリーが含まれることに長らく懐疑的だった。わたし自身のノンバイナリーとしての認識はトランジションの出発点も目的地も不在であるようなものだったからだ。そのことが腑に落ちたのは、夜のそらさんの note の何度目かの読み返しのさなかだった。

> かつて割り振りを命令されていた性別では生きることができなくなったとき、自分のいるそれぞれの場所から、トランスジェンダーたちは海へ出なければならなくなります。太平洋のような大きな海で分けられた、男、と女、の二つのどちらか一方の大陸から海を出て、トランスジェンダーたちは船旅を始めるのです。その旅は、多くの場合は孤独なもので、立派なクルーズ船とはほど遠い、小さなボートで、私たちは漕ぎ出すことになります。[1]

出生時に割り当てられた性／別に耐えかねてとうとうそこから出てゆくことは、ある種の「漂流」を経験することは、バイナリーなトランスジェンダーにもノンバイナリーにも共通のことなのではないか。わたしのような身体違和の薄く、移行らしい移行をすることのなかったノンバイナリーも自分自身のアイデンティティを説明する言葉を手にするまでは、決して単純に説明できない、行っては返しを繰り返す道筋を歩む。バイナリートランスにもノンバイナリーにも固有の経験はある一方で、出生時に割り当てられた性を生きることが耐えがたかったものとして連帯することは可能なのではないだろうか。

エリス・ヤング『ノンバイナリーがわかる本—— he でも she でもない、they たちのこと』もまた、そのような前提のもとに書かれている。本書ではヤング自身の経験や当事者の談話を随所に散りばめつつ、用語や歴史の解説、ノンバイナリーが社会生活や人間関係、医療や移行へのアクセスにおいて抱える困難が提示されている。

ヤングはトランスジェンダーでノンバイナリーなのだと自らを説明するが、ノンバイナリーの個人がトランスのアンブレラに自らを置くことは、決してバイナリーなトランスジェンダー

の経験の固有性を否定するものではない。むしろ、ヤングが注視するのはトランスジェンダーやノンバイナリーを自らのアイデンティティを説明する言葉として用いる人たちの多様さ、複雑さである。

　医療へのアクセスについて書かれた章にそれが強くあらわれている。ヤング自身の移行の経験や、身体を変えないノンバイナリーや外的手術はするもののホルモン療法を受けないノンバイナリーの事例が示すのは、ノンバイナリーたちの性／別をめぐる価値観や自己受容、身体受容は個人によって異なり、ノンバイナリーというカテゴリーによる説明ができないということだ。ノンバイナリーは二元的な性／別のなかに自らを置かない人たちを指す大きなカテゴリーなので当然といえばそうなのだが、ノンバイナリーへの認知が不十分ななかで実態の多様さが提示されることには解説以上の意義がある。ヤングが繰り返し示すように、ノンバイナリー固有の困難さの多くがアイデンティティを理解されないことや、認知の薄さによって医療や制度からとりこぼされてしまうことにあるからだ。

　ノンバイナリーの経験の固有性が何度も書かれる一方で、移行に関しての記述ではトランスジェンダー（バイナリーであるかを問わない）の移行の問題を扱う文献も参照されており、ヤングがバイナリーなトランスとノンバイナリーの経験を一定の連続性のもとに捉えていることが窺える。本書は男女の二元的な性を生きることに違和感を抱えている人の助けになるのはもちろん、出生時に割り当てられた性とは異なるアイデンティティを生きる人たちのアンブレラタームとしてのトランスジェンダーを理解する際の補助線を引いてくれる1冊でもある。

1　夜のそら（2021）「夜のそらの終わり、陽の昇らない島」（https://note.com/asexualnight/n/nec70b8c44f86?magazine_key=m12c3e6ec08e4）.

Aセクシュアル・Aロマンティック・Aジェンダー ——
こうしてあなたたちは疎外の夜をつくる

青本柚紀

「夜のそら：A セク情報室」
(https://note.com/
asexualnight/)

わたしは「夜のそら：A セク情報室」を冷静に読むことができない。Aセクシュアル（以下 Ace）・A ロマンティック（以下 Aro）・A ジェンダー。三つの A の交差点にあるということは、性愛規範、性別二元論、恋愛伴侶規範のそれらが織りなす構造が、壁となって立ちはだかり続ける生を生きるということにほかならない。三つの A、三つの「ない」ことの重なる地点から書かれた夜のそらさんの記事——とりわけ個人的な経験について書かれたそれら——は、わたしと「同じ」経験ではありえないが、手を伸ばせば届くところにあるような近さから、幾度とない規範からの疎外と排除の経験を呼び起こすものだった。構造の問題を生活の次元に引き寄せるまで丹念に解きほぐす文章は、深い鬱のさなかにある人間にもわかりやすく、次々に読み進んだ。

やがて Ace と Aro の緊張関係、A ジェンダーのトランスとしての経験、トランス差別に抗する記事が書き出された。さらには 1972 年に書かれ、歴史の波の下から見つけ出された Asexual Manifesto と、2001 年のAVEN 創設以降のAce コミュニティとの断絶を明らかにしたうえで、Asexual Manifesto が接続していた歴史のほうを明らかにするために U.S. ラディカルフェミニズムについての調査がはじまる。そして、トランスの生がエイブリズムや資本主義と切り離しがたくあること、Ace の「許容」のされ方は人種や文化や社会、年齢などに大きく左右されること、「パス」のないアイデンティティにおけるステルスの戦略……などに触れ、規範を削り取るインターセクショナルな協働が志向されていく（一方で、ゼノジェンダーとフィクトセクシュアルの両者を矮小化するような記述があることにも触れておかねばならない）。

これらの記事は、ある人には自らを疎外する構造を打ち砕こうとする協働として、ある人には自らにとって馴染み深い規範がいかにして疎外や排除をおこなうものであったかを知る契機として、またある人には紹介されている動画や文献を通じて、インターセクショナルにフェミニズムやクィアを結ぶありかたを模索する契機として読まれるだろう。加えて、性愛規範や性別二元論、それらのもとに回る社会を許さない姿勢が明確に示されている。夜のそらさんとは「同じ」ではないが自らのうちにいくつかの A を認めている者として、わたしもこれらの文章を差し出して言うだろう。こうしてあなたたちは疎外の夜を、陽の昇らない島をつくったのだ、と。

"自然"を語る新しい言葉

高島 鈴

この世に置かれた言葉がいかにシスヘテロ中心主義に基づいているか、セラーノは本書を通じて明快に暴いているように見える。それはセラーノが次々

『ウィッピング・ガール』
ジュリア・セラーノ著／
矢部文訳／
2023／
サウザンブックス

と新しい概念を生み出し、トランス女性が置かれた苦境を語り直す試みに尽力しているからだ。

たとえばセラーノは、トランスを語る上で頻繁に使われる「ジェンダー・アイデンティティ」という概念を「扱いにくい」と一度脇に置き、それを「意識的に選択するジェンダー」と「潜在意識下で自分はこれだと感じるジェンダー」という概念に分け、後者を〈潜在意識下のセックス〉と名付ける。このような挑戦的な命名を行うのは、セラーノの経験を的確に言語化するための語彙がこの世に足りていないからだ。「ジェンダーの定義がジェンダー本質主義と社会構築主義のいずれか一方に偏る」立場を選ばない、アクティビストにして生物学者であるセラーノの経験を語る言葉が。

相手がトランスだとわかるとトランジション前の姿を目の前の相手に探し始める〈アンジェンダリング〉、女性と男性を「両極」のジェンダーとして捉える〈二項対立的セクシズム〉、「男性」とみなした相手の女性性に執着する〈エフェミマニア〉など、その表現はいずれも性をめぐる現実に対してクリティカルである。これらの語彙を駆使して、セラーノはトランス女性の認識する世界を丁寧に説明し、トランス排除言説をはっきりと退け、シスをめぐる特権的な言説——「生物学的に」「自然な」「遺伝子」などなど——を解体しにかかる。

原著の刊行は2008年である。ノンバイナリーへの言及の不足など、拾い損ねているイシューがないではないし、「アンドロジナス的」といった表現にひっかかりを覚える読者もおそらく少なくないだろう（評者は覚えた）。だがセラーノがコミュニティに向ける鋭い批判は、フェミニズムとトランスの連帯を考える上で無視できない。セラーノは二元論的なものを破壊しようとして別の二元論を再生産したコミュニティのあり方を捨て、あらゆる場所で生じる〈ジェンダー特権〉に挑戦するべきだという力強いメッセージを発している。

人間なる生き物には驚くほど多様で複雑な性があり、それぞれに優劣なく輝きながら散らばっている。セラーノが捉えたそのような「自然」の風景を自分の認識野にインストールしたければ、本書を手に取るべきである。

奪い返し、問い返す
──「性同一性」をめぐって

水上 文

性同一性／性自認──本来的にはどちらもジェンダー・アイデンティティの訳語であり、意味に変わりはないはずのその言葉は、しかしひどく政治化されている。

『性別違和・性別不合へ──
性同一性障害から
何が変わったか』
針間克己／
2019／
緑風出版

　LGBT理解増進法案をめぐる惨状は、その例であった。与党修正案で、「性自認」が「性同一性」という「性同一性障害」を連想させる語に変更されたのだ。背景にあるのは、トランスの人々をあくまで「病理」という枠に留め置こうとする差別的な発想である。

　だが、実のところ「性同一性障害」はすでに「性別違和」「性別不合」へと変更されている。かつて精神疾患のひとつとして考えられていた「性同一性障害」は、昨年改定されたWHOの国際疾病分類ICD-11では疾患には分類されておらず、名称ももはや存在しないのだ。

　そして本書は、トランス医療に長年関わってきた第一人者である著者が、変更の意味と影響について平易に解説したものである。やや古い部分はあるものの、脱病理化の歴史と国際的な流れ、関連する法制度への影響などがコンパクトにまとめられた本書は、抵抗のための基礎知識を与えてくれるはずである。

本書は「男性」から「女性」に同化していったノンバイナリーのあかりさんと、「女性」から「男性」に同化していったトランス男性のあきらさんによる往復書簡である。

『埋没した世界──
トランスジェンダー
ふたりの往復書簡』
五月あかり，周司あきら／
2023／
明石書店

　時に赤裸々過ぎるほどに赤裸々に、個人的な経験を掘り下げていく二人が語る事柄は、性別移行の経験、性同一性や性的指向など多岐にわたる。しかし本書が語るのは、「トランスジェンダー」個人の経験に留まらない。問われているのは、性別という強固なシステムに支配された、この世界のあり方なのだ。

　たとえばシス／トランスは定義上、出生時に割り当てられた性別と性同一性が一致しているか否か、で分け隔てられている。だが二人は問う。そもそも性同一性とは何なのか、と。シスでもトランスでも、性同一性など無い人もいるのではないか、と。ならばシスジェンダーとは何か。シスの人々は、トランスの人ばかりに問いかけ、考えることを怠ってきたのではないか。性同一性なる言葉はここにあって奪い返され、問い返される。本書は暴き出すのだ。本当に「埋没」していたのは、この世界の方ではないかと。

トランスジェンダーの仲間と再会する

周司あきら

第三波フェミニズムに火をつけたアイテムのひとつに、ZINEがある。考えや情報をただただ伝える必要性に駆られて非営利で発行する小冊子が、

『語り継ぐトランスジェンダー史
—— 性同一性障害の
現在・過去・未来』
虎井まさ衛編著／
2003／
十月舎

そうして歴史を作ることもあった。インターネットが普及していない時代に、トランスジェンダーの人々、とりわけ社会的・医学的な男性化を渇望した人たちの情報源となったのは、虎井まさ衛の発行するミニコミ誌「FTM日本」だったといえよう。『語り継ぐトランスジェンダー史』は、「FTM日本」1994年夏号から約10年間の虎井の執筆記事をまとめた1冊である。

　当時、虎井自身は必要としていた医療措置をすべて終え、一人の男性として黙って生きていきたかったのかもしれない。少なくない数のトランスパーソンは、不躾な詮索を好まない。それでも、一足早くアメリカで全手術を終えて帰国した虎井には、日本にいるたくさんの仲間たちが、何を求めているのかわかったようだ。アメリカのルー・サリバン（Lou Sullivan）にならって、「FTM日本」が作られた。

　惜しくも読者投稿は本書に掲載されていないが、虎井の個人的な言及から世間の風潮や偏見について窺い知ることはできる。たとえばトランスの男性についてテレビ放映される際に、「彼女」ではなく「彼」と呼ぶよう伝えたが、ミスジェンダリングされたまま放映されてしまったこと。性別承認の法律がなかった当時、戸籍の性別改正を裁判所に一斉申し立てしたが、却下が続いたこと。『3年B組金八先生』（TBS、2001年-2002年）で性同一性障害の生徒役が登場して男子生徒に受け入れられる描写があったが、実際は「自分は性的に問題がない」と思い込んでいるマジョリティ男性は性的少数者を怖がる、など興味深い洞察も含まれる。

　社会は、この時からどれほど変われただろうか？　戸籍変更は2003年成立の特例法で認められたものの、非人道的な要件は維持されたまま。虎井が夢みたようにトランスを積極的に雇用する会社は数少なく、就労差別は酷い。メディアの偏見に満ちた報道は今日でも見かける。

　もはや使われなくなった「性同一性障害」という病理概念、「トランスは男らしさ／女らしさの規範を強化するだけ」といったステレオタイプに辟易して、「語り継ぐ」べき歴史を辿らないのはもったいない。その輪は世界のトランス仲間とも繋がっており、トランスの人は決して孤独なだけではなかったのだと胸が熱くなる。

※本書は現在、品切れになっています。

おすすめブックリスト

トランスジェンダー入門

周司あきら，高井ゆと里 著
集英社新書　2023年

960円＋税

トランスジェンダーとはどのような人たちでしょうか。社会でどのような差別に苦しんでいるのでしょうか。これまでLGBTと一括りにされることが多かった「T＝トランスジェンダー」について、医療や法律をはじめ全体像をつかむことができる本邦初の入門書。

シモーヌ VOL.7
特集：生と性 共存するフェミニズム

シモーヌ編集部 編　　　現代書館　2022年

1500円＋税

「LGBTは生物学上、種の保存に背く」「幸せそうな女性を殺したかった」「ホームレスが邪魔だった」。旧優生保護法が改正されても、今なお残る命の選別。性と生殖に関する歴史を振り返り、ともに生きるフェミニズムを考える。吉野靫さんご寄稿！

性別解体新書
身体、ジェンダー、好きの多様性

佐倉智美 著　　　現代書館　2021年

2500円＋税

性別違和を抱えていた著者が、自身のホルモン操作、性別適合手術の経験を通し、「生物学的性別」（生殖にかかわる身体タイプ）が絶対的であるという捉え方を解体していく。男女二元論からの解放で、すべての人が自己実現できる世界へ！

われらはすでに共にある
反トランス差別ブックレット

2023年8月25日　　第1版第1刷発行
2023年11月30日　　　　第2刷発行

編 著 者　　反トランス差別ブックレット編集部
　　　　　　（青本柚紀、高島　鈴、水上　文）
発 行 者　　菊地泰博
発 行 所　　株式会社 現代書館

〒102-0072 東京都千代田区飯田橋 3-2-5
TEL 03（3221）1321
FAX 03（3262）5906
振 替　00120-3-83725
http://www.gendaishokan.co.jp/

印 刷 所　　平河工業社（本文）
　　　　　　東光印刷所（表紙）
製 本 所　　鶴亀製本

イラスト　　山内　尚
ブックデザイン　　宮越里子
校 正 協 力　　高梨恵一

© 2023 AOMOTO Yuzuki, TAKASHIMA Rin, MIZUKAMI Aya Printed in Japan
ISBN978-4-7684-5947-8
定価は表紙に表示してあります。落丁本・乱丁本はお取り替えいたします。

本書の一部あるいは全部を無断で利用（コピー等）することは、著作権法上の
例外を除き禁じられています。但し、視覚障害その他の理由で活字のままでこの
本を利用できない人のために、営利を目的とする場合を除き、「録音図書」「点
字図書」「拡大写本」の製作を認めます。その際は事前に当社までご連絡くださ
い。また、活字で利用できない方でテキストデータをご希望の方はご住所・お名前・
お電話番号・メールアドレスをご明記の上、右下の請求券を当社までお送りください。

活字で利用できない方のための
テキストデータ請求券
『われらはすでに共にある
反トランス差別ブックレット』